Brandenburg

Das ganze Land ein Garten

STRAUSS*Edition* im Keyser Verlag

Horst Schumacher (Hrsg.)
Niels-Peter Rudolph

Lucie Pückler Federico Fellini

Spaziergang durch den

Schlosspark Branitz

Einführung

Horst Schumacher

Wäre in Anbetracht der Fülle kaum noch zählbarer Bücher über Gärten und Gartenkunst, die auf den Tischen der Buchhandlungen feilgeboten werden, die Konzeption eines neuen Werkes zu erwägen?
Wir denken schon und wollen uns für dieses Werk einer Form bedienen, die den Blick auf die großen Zusammenhänge ebenso gewährt, wie jenen auf die Details einzelner Anlagen. In einem fiktiven Gespräch unterhalten sich im zehnten Band unserer Buchreihe über Brandenburger Parks Lucie von Pückler-Muskau und der italienische Filmregisseur Federico Fellini über die Anlage des Schlossparks Branitz.
Als Lucie von Hardenberg, geschiedene von Pappenheim, 1776–1854, heiratete sie 1817 Hermann Graf von Pückler-Muskau. Sie wurde nicht nur seine Frau, sondern auch seine Vertraute und gab ihm Inspiration. Der Fürst musste das Muskauer Anwesen 1846 verkaufen und zog mit Lucie, die auch nach ihrer Scheidung seine Ratgeberin blieb, in sein Erbschloss Branitz. Schloss und Park wurden mit dem Verkaufserlös umfassend neu gestaltet. Auf der transzendenten Suche nach einem Drehort kommt der bekannte Regisseur Federico Fellini, 1920–1993, hier nach Branitz.
Seinem Ruf als phantastischem Bildererzähler entsprechend findet der Italiener, der mit so volkstümlicher Theatralität ausgestattete Filme wie »La strada«, »La dolce vita«, »Amarcord« oder »Ginger e Fred« gedreht hat, einen Park, der selbst als Ort künstlerischer Verwandlung gestaltet wurde. Der Autor des gedanklichen Gesprächs zwischen Fellini und Lucie Pückler ist ebenfalls Regisseur und entwarf mit dem vorliegenden Dialog ein Theaterstück in dessen Mitte nicht nur die beiden Personen stehen, sondern der Landschaftsort und seine Metamorphose.
Der Dialog über Branitz stellt wiederum eine Parkanlage in Brandenburgs unterschiedlichen Kulturlandschaften vor, die als Triebfedern für die Entwicklung des Großen und Ganzen in dem zurückliegenden Zeitraum von nunmehr etwa 350 Jahren angesehen werden dürfen.

Nicht dass es vor der Zeit um 1650 im Brandenburgischen nicht auch schon Gärten gegeben hätte, aber der 30-jährige Krieg, der mit dem Westfälischen Frieden am 24. Oktober 1648 ein formales Ende fand, stellt für Brandenburg eine so starke Zäsur dar, dass es durchaus legitim erscheint, eine jüngere, mit neuen Ideen ausgestattete Periode der Gartenkunst von diesem Zeitpunkt an zu betrachten.
Die ausgewählten Parkanlagen werden vorgestellt, indem Dialogpartner in einem fiktiven Gespräch die Eigenarten und Besonderheiten der jeweiligen Parks und Gärten erörtern. Die Dialoge können gelesen und auch gehört werden. Letztere Möglichkeit birgt die Chance, das Gespräch bei einem Besuch der jeweiligen Anlage an Ort und Stelle zu erleben.
Diese Konstruktion fiktiver Dialoge ist dem bemerkenswerten Werk von Jean-Paul Sartre entlehnt. Ist es nicht im besten Sinne phantastisch, wie er in »Das Spiel ist aus« seine ungleichen Dialogpartner, die er sich in Liebe zugetan sein lassen möchte, zunächst in ein Totenreich bringt, um dann diejenigen, die kein Spiegelbild mehr haben, in neue, unentdeckte Lebenspartnerschaften zusammenzuführen? Dabei ist die gewählte Fügung ein geniales Rahmenwerk für den Kern des Stückes, einer Darstellung der Résistance, dem französischen Widerstand gegen die Besetzungen des Hitlerregimes in Frankreich. Die Lektüre des Stückes von einem der bedeutendsten Existenzialisten – einmal vor Jahrzehnten als Film gesehen und nie mehr vergessen – ist so anregend, und die in dieser Konstruktion steckenden Potenziale können so groß eingeschätzt werden, dass sich auch für die Reihe der Brandenburger Gärten & Parks einige Gesprächspartner für die geistreichen, jedoch fiktiven Dialoge zusammenfinden mussten. Sie kommen aus gänzlich unterschiedlichen Lebenszusammenhängen, und sie plaudern darüber, was der Ernst der wissenschaftlichen Darstellungen nur selten thematisiert. Aber in den fiktiven Dialogen stecken geistreiche Wahrheiten.

Unterhaltsame Szenen im Schlosspark Branitz

mit Lucie Pückler und Federico Fellini

Lucie Pückler

Die großen Bäume beugen sich wie im heftigsten Sturm im Wind dieser Maschine. Mein Hut, mein Mantel!
Was für ein monströses Insekt, das da aus dem Himmel kommt. Wer sind sie? Was wollen Sie?

Federico Fellini

Sono Fellini, Federico Fellini, Signora! Wir suchen Locations für den letzten Teil eines Casanova-Films. Dunkle Gärten, düstere deutsche Parks, kalte Schlösser, in die sich der altgewordene und von der Welt vergessene Freigeist vor seinem einsamen Tode zurückgezogen hatte.

Lucie Pückler

Casanova? Casanova und Sie, Federico Fellini, in der so verrufenen Lausitzer Wüstenei? Ich glaub' es kaum!

Federico Fellini

Warum nicht, verehrte Fürstin? Wir sind alle drei nicht mehr unter den Lebenden – wenn auch mit jeweils etlichen Jahren Unterschied. Lassen Sie uns nun unser Schattendasein genießen. Wann, wenn nicht unter diesen besonderen Umständen hätten sich solche Fremdheiten wie wir beide treffen können? Und ich suche nicht eine Wüstenei, sondern eines der bewunderten Parkkunstwerke, das Sie und Ihr großartiger Ehemann hinterlassen haben.

Lucie Pückler

Aber Casanova hier?

Federico Fellini

Na, gestorben ist er hier ja nicht. So ist das Filmbusiness eben: Motiv geht vor Wahrheit. Wie auch immer, seine Höllenstrafe war, nicht auf dem Markusplatz von Venedig sterben zu dürfen, sondern im finsteren und ewig kalten Germanien.

Permesso, Signora, may I introduce myself: Federico Fellini: artista, clown, regista, documentarista, movie director, persona e farfallino. Arrivo da Roma, Italia.

Lucie Pückler

Ah, Film: Laterna magica mit bewegten Bildern. Höchst interessant. Anch' io mi presento a lei: Lucia Principessa di Pückler-Muskau, padrona di questo dominio di Branitz. Bentornato, maestro!

Federico Fellini

Thank you ... danke ... grazie.

Lucie Pückler

Seien Sie für einige dieser merkwürdigen Stunden im Zwischenreich Gast in meinem ehemaligen Hause – bei mir, der einstigen Herrin des Pückler'schen Majoratsgutes Branitz. Und lassen Sie uns diese Zeit mit einem Rundgang durch das Lausitzer Arkadien beginnen, wenn es Ihnen recht ist.

Federico Fellini

Come no!

Lucie Pückler

Die Natur hat seit meinem und des Fürsten Tod die Zeit genutzt, um seine Planungen aufs Herrlichste zu vollenden.
Bitte, hier, den Weg an der alten Gutsökonomie vorbei.
Gelandet sind Sie übrigens auf der Schmiedewiese, die zwischenzeitlich auch Königin-Augusta-Wiese benannt war.
Für den Moment streifen wir nur den so ganz eigen gestalteten Pergolagarten, flankiert von Marstall und Kavaliershaus. Dort wohnten Beamte des Gutes und viele unserer Gäste.
Schauen Sie nach oben, in die Giebel: Athene mit Speer und Schild und gegenüber Maria, Gottesmutter.

Federico Fellini

Eigentlich reise ich nicht gern. Ich fühle mich auf Reisen sehr schnell unbehaglich. In Italien mag es noch angehen; die Neugier erwacht, ich weiß, was hinter all diesen Gesichtern, diesen Redewendungen, diesen künstlichen Fassaden steckt.

Aber im Ausland weiß ich nicht mehr, was womit zusammengehört, ich kann nichts entziffern, ich fühle mich so ausgeschlossen.

Oh, natürlich nicht bei Ihnen, entschuldigen Sie.

Lucie Pückler

De rien, de rien! Mein Mann ist immer mit Begeisterung gereist. Nur im Ausland fühlte er sich wirklich frei. Die Rätsel fremder Gesichter waren für ihn von unendlichem Interesse.

Fremde Gesichter, ja – manchmal vielleicht zu viel Interesse ...

Federico Fellini

War ich in Rom, sprach ich ständig vom Wegfahren. Verwundert fragten mich die Freunde: »Glaubst du, es ist dort draußen besser als bei uns?« »Ich weiß nicht. Besser? Aber anders.«

Lucie Pückler

Das könnte ich für mich und den Fürsten nicht sagen. Wir büffelten hier in Branitz damals wie ehedem in Muskau, um mal wieder eine neue Oase in der Wüste zu schaffen.

Was nun einmal unser Schicksal hienieden zu sein schien. Sein Pfund hatte er in dieser Hinsicht nicht vergraben, und vielleicht wird er einmal in einem paradiesischen Tal der Sonne belohnt.

Federico Fellini

Das glauben Sie?

Lucie Pückler

Er zauberte, zusammen mit mir, hier in Branitz eine ästhetische Natur hervor, was man wirklich als nicht zu kleines Wunder bezeichnen kann. Er nannte es sein Meisterstück. Sein letztes Stück, welches zur Aufführung komme. Und er erwartete den Abmarsch hinüber ziemlich gleichgültig, da er hier wenig zurückließ, was er bedauerte. Wie ich ihn am Schluss immer sagen hörte: »Ich habe schon lange genug auf dem hiesigen Schauplatz gelebt und mag es ganz gern mit einem anderen versuchen, da es in des Vaters Hause, wie man hört, viele Wohnungen gibt.«

Rechts die weinberankten Laubengänge des Pergolagartens, die sich zu einer Rotunde zusammenfinden.

Inmitten des Blumenbeetes die Venus italica, Schutzpatronin der Liebe und der Gärten. Der Fürst hinterließ nicht nur hier ein nie vollständig enträtseltes Programm von Anspielungen auf seine verschlungenen Lebenswege.

Auch auf diese Weise erreichte er eine ständige Aufmerksamkeit.

Federico Fellini

Ich, wenn ich einen Film beendet hatte, wollte nichts anderes als verschwinden.

Ich liebte das Leben. Mich langweilten die Intellektuellen oder die, die sich selbst Intellektuelle nannten. Diese Leute wollten meinen Gedanken einen genauen Namen geben. Ich glaubte nicht, dass ein Künstler genaue Gedanken haben muss.

Ich wollte keine starre Vorstellung vom Leben haben. Das Einzige, was ich wissen wollte, war: Warum bin ich hier? Was ist mein Leben?

Lucie Pückler

Ich freue mich, dass Sie mich in Branitz besuchen, das wird für einen so denkenden Künstler, wie Sie es sind, interessant werden. Denn hier konnte auch der kleinste Erfolg nur in einem Kampf auf Tod und Leben der Natur abgerungen werden. Auch musste daher das Resultat immer nur ein an sich dürftiges bleiben, wenn es auch hinsichtlich der Umstände als ein Wunder erschien.

Federico Fellini

Was war er für ein Mensch?

Lucie Pückler

Pückler war hoch gewachsen, ein schön gebauter Mann mit einem Antlitz, das einen rasch wechselnden Ausdruck zeigte.
Starr, ruhig. So lange er nicht angeregt wurde, sah er ziemlich streng aus in seinen regelmäßigen Formen und Zügen.
Streng, wohl auch hart, ja in Wendungen des Auges und in leisen Zuckungen des Mundes nahezu böse.
Doch eine Anregung, ein Gedanke verwandelten es total; das Auge und der Mund belebten sich mit Freude oder Güte und sprangen ebenso rasch über in sprühende Schärfe.
Don Juan und Mephisto wechselten ab wie man eine Hand umkehrt. Er machte den Eindruck eines schönen Weltmanns mit sehr bequemen Formen und überraschenden Naturlauten.
Sehr rasch und sehr oft sprang er über das formelle Gespräch hinaus, laut rufend oder laut lachend, und alsdann in Gedanken hineinspringend, welche man intim nennt. Da regnete es Fragen und Bekenntnisse über die wichtigsten Dinge: Menschenwert, Unsterblichkeit, der Herrgott in der Natur oder in der Kirche und dergleichen kamen sofort und jählings aufs Tapet.
Banal blieb das Gespräch mit ihm nie, schon darum nicht, weil er äußerst aufrichtig und immer wissbegierig war.

Federico Fellini

Was für eine Liebeserklärung, Lucia di Pückler-Muskau!

Lucie Pückler

Doch ich bitte Sie, lassen Sie Ihre Augen im Park.

Federico Fellini

Oh, man geht hier durch die bezauberndste Landschaft.
Sie sieht aus – so natürlich, als hätte nicht ein Mensch sondern die Natur selbst sie gepflanzt.

Lucie Pückler

Ja, die Jahrzehnte haben kräftig geholfen, unsere Pläne zu vollenden.

Federico Fellini

Was für eine enorme Blutbuche!

Lucie Pückler

Als deutliche Aufmerksamkeitsrufe hat er diese prächtigen Exemplare, rhythmische Akzente setzend, an herausragende Orte des Parks setzen lassen.

Federico Fellini

Der Blick ruht wohltuend aus auf diesen smaragdgrünen Rasenflächen und graziösen Büschen, die sich rundum ausbreiten. Alle Nebengebäude, die hin und wieder zwischen dem Grün hervorragen, dienen nur dazu, die Landschaft zu verschönern. Da sehe ich auf einen Teich, auf dem eine Schilf- und Blumeninsel zu schwimmen scheint. Überall schön geformte Bäume, deren Blätterschmuck bis auf die Erde reicht. Ein Film, mein Film muss das werden!

Lucie Pückler

Das Schloss ist nicht wie im Barock repräsentativ zum Park platziert, sondern es liegt teilweise versteckt hinter Bäumen und gibt nur Ausschnitte, nicht seine gesamte Größe dem Blick frei. Diese Verschleierung der Größe ist ein charakteristisches Merkmal des Landschaftsparks überhaupt, denn auch die Parkräume wurden nur in der Ausnahme einmal mit einem Blick vollständig gezeigt.

Federico Fellini

Nach jeder Biegung des Weges zeigt sich eine andere Landschaft, als hätte ich sie mit meiner Kamera gestaltet.

Lucie Pückler

Wir sind bei den Mondbergen angekommen. Einem Teil der mühsam neu geschaffenen Hügelwelten.

Dieser point de vue war zu unseren Zeiten mit der Mondlaube und dem morgenländischen Halbmond gekrönt. Der Blick ging bis zum so genannten Heiligen Berg, von dem das abendländische Kreuz herüberblinkte.

Federico Fellini

Zeichen seines bewegten Reiselebens, oder?

Lucie Pückler

Er gehe in seine Bergfabrik, pflegte er zu sagen, wenn er seine Erdarbeiten leitete. Und wirklich schaffte er die Hügel wie ein Bildhauer, nach der Form, die er angab – da, wo früher eine einförmige Ebene war. Oft genügten ihm nicht einmal die Tage für diese Arbeiten, und noch im Mondschein sah man ihn in seiner türkischen Kleidung in den Gängen des Parks einherwandeln, um einem ihm folgenden Gärtner mit dem Schirm, den er in der Hand zu tragen pflegte, auf Blumen und Sträucher deutend, Anweisungen zu geben.

Federico Fellini

All meine Bauten in Cinecittà sind so schnell wieder verschwunden, seine Gärten sind geblieben. Ich bin eifersüchtig.

Lucie Pückler

Ja, ich gebe zu, von Jahr zu Jahr stiegen die Freude und die Befriedigung. Unser ländliches Branitz, sein einsames Haus der großen Ruhe ...

Also, ich gestehe, dass mich Branitz inzwischen mehr anzieht, als ich dies sonst je empfunden. Sehen Sie nur die so köstlichen Beleuchtungen über dem wirklich smaragdgrünen Rasen, eine solche Farbenpracht des Laubes, in Rot, Orange, Violett und allen Nuancen von Grün, durchschimmert von Sonnengold, dass zuweilen immer noch jenes kindliche Entzücken über mich kommt, wo auf Augenblicke das beschränkte Ich in der Seligkeit des Allgemeinen, des Göttlichen, aufgeht.

Federico Fellini

Ein Freund fragte mal: »Federico, wen bewunderst du, abgesehen von dir selbst, am meisten?« – »Den lieben Gott. Im Gegensatz zu dem, was die Leute so gern behaupten, finde ich, dass er alles wirklich gut eingerichtet hat.« – »Und dann?“ »Hm, vielleicht alle, vielleicht niemanden.« Aber Spaß beiseite, es gibt für mich nur eine dauerhafte, beständige Bewunderung für ...

Lucie Pückler

Für?

Federico Fellini

Die Gefährtin meines Lebens, Giulietta Masina.

Lucie Pückler

Ebenso hat er über mich gesprochen, wenn auch meist nicht in meiner Gegenwart. »Alles für meine Lucie, ohne die die Gartenkunstwerke von Muskau und Branitz nicht denkbar gewesen wären. Lucie Freiin von Hardenberg, Fürstin von Pückler-Muskau! Meine Herzensschnucke.«

Federico Fellini

»Eine schöne Frau ist ein Schmuckstück, aber eine gute Frau ist der größte Reichtum«, soll er gesagt haben.

Lucie Pückler

Über mich? Na ja, zumindest fand er in mir eine vollendete Weltdame mit hervorragender Bildung ...

Federico Fellini

Und vielen wertvollen gesellschaftlichen Kontakten.

Lucie Pückler

Die er eben auch nutzte. Ja, er liebte es, im Gespräch zu sein. Dafür brauchte er Orden! Zum Glück verfügte ich über exzellente Beziehungen zum Königshaus, und so befahl er mir ab und zu ganz pragmatisch: »Tummle dich und verschaffe mir wieder einmal ein oder zwei Orden!«

Federico Fellini

Und Sie taten es, trotz all der anderen Frauen.

Lucie Pückler

Ach, ja.

Federico Fellini

Trotz Bettina von Arnim, Henriette Sontag und ... und ...

Lucie Pückler

Hören Sie auf damit!

Federico Fellini

Trotz Machbuba ...

Lucie Pückler

Ach, Machbuba, ja. Er erzählte allen, dass er ihr Leben rettete, als er während einer seiner Orientreisen die Zwölfjährige auf einem äthiopischen Sklavenmarkt kaufte.
Und dann brachte er sie mit nach Muskau.
Diese Wesen aus der Wüste können nun einmal unser Klima nicht vertragen. Sie gehen ein wie die Blumen, ohne krank zu sein. Sie starb so bald. Sie hatte es gewusst und verbarg ihm doch sorgfältig die Todesgefahr, täuschte uns alle lächelnd und war plötzlich ausgelöscht. Von der nicht zu ertragenden Fremdheit unseres Landes.

Federico Fellini

Und Ihrer Eifersucht, Fürstin.

Lucie Pückler

Er bestand darauf, dass ich eine absolut gleichberechtigte Partnerin für seine Parkbesessenheit war. Und es ist wahr, während seiner vielen Abwesenheiten leitete ich die Parkarbeiten.
Er war immer sehr neugierig auf meine neuen Ideen, die, ich sage es mit einiger Beschämung, eigentlich gerade in der großen landschaftlichen Ansicht manchmal die seinigen übertrafen. Meine Angaben zu den Blumengärten zum Beispiel schätzte er vortrefflich, und er musste immer herzlich lachen, wenn die Gartenjalousie wieder und wieder bei mir erwachte.

Federico Fellini

Giulietta ist ein Sonderfall. Sie ist nicht nur die Schauspielerin einiger meiner Filme, sondern in einem subtilen Sinn ist sie es,

die meine Filme inspiriert hat. Sie ist, ich wiederhole es, nicht ein Gesicht, das ich ausgesucht hätte, sondern eine wirkliche Seele innerhalb des Films.
Giulietta! Das Weibliche ist für mich Mysterium, Faszination, Kreativität. Bei jedem magischen oder esoterischen Akt steht immer eine Frau neben dem Zauberer. Welcher Mann fühlt sich nicht angezogen von einem Märchenwald, aus dem er zwar keinen Ausgang kennt, der ihn aber ruft mit seinen geheimnisvollen Vogelstimmen, der verführerisch duftet, durch dessen Blätter weiche Sonnenstrahlen fallen.

Lucie Pückler

Ich fühle mich glücklich, für ihn die Ruhe und die Freiheit in seinem Leben gewesen zu sein. Er hatte uns viel materiellen Schaden im Leben angetan, aber anderen viel genutzt, ohne alles Interesse als das des Wohlwollens und der Kunst, zwei Vermögen dafür geopfert – und ich glaube, dafür nun ein Recht zur Ruhe zu haben.
– Kommen Sie, schnell, irgendwo gibt es einen Unterstand.
Einmal hatten wir einen Sturm hier, der abscheulichen Schaden anrichtete. Die alten Bäume bogen sich bis auf die Erde, und einige davon hatten bald das Zeitliche gesegnet.
Die neu gepflanzten widerstanden ihm dagegen tapfer, weil die Wurzeln angeklammert waren, was Pückler bei besonders wertvollen alten Bäumen eigentlich auch anwenden wollte. Er ließ sich vom Wetter nicht beirren. Unermüdlich trieb er seine Leute an. Die größten Bäume wurden von weither nach Branitz geschafft. Sehen Sie den kleinen Baum dort, mitten auf der Wiese des Hauptparks, in direkter Sichtachse zum Schloss? Der soll mal an Stelle der umgestürzten Vorgängerin die neue Pokallinde werden. Da werden wir noch Jahre warten müssen.

Federico Fellini

Pokallinde?

Lucie Pückler

Nach seiner Kronenform so genannt. Wie viele andere Bäume war die Linde von Ranken und Büschen umgeben und gab dem Gartenraum so einen markanten Akzent.

Federico Fellini

Warum wühlte der Fürst eigentlich immer weiter im Sand dieser verlorenen Gegend?

Lucie Pückler

Wenn er später die Üppigkeit hier bewunderte, der keine Dürre Einhalt zu bieten imstande war, und mit Entzücken die Pracht jeder Vegetation betrachtete, so fragte ich mich oft, ob sein Branitzer Beginnen nicht an die fixe Idee des Wahnsinns grenzte? Und das vorher in Muskau war nicht viel besser – aber die Reue kam zu spät. Übrigens, die großen Bäume wurden mit seinem Pflanzkarren in die vorbereiteten Gruben gesetzt, eine Praxis, die von allen sehr viel Sachkenntnis erforderte.

Zentimenterweise krochen die großen Metallräder seiner »Baumpflanz-Maschine« durch den schlammigen Grund. Die Rufe der Pferdeführer begleiteten sie meilenweit.

Federico Fellini

Und wie funktionierte sie, diese »Maschine«?

Lucie Pückler

Man stellte die überlange ledergepolsterte Deichsel senkrecht an den locker gegrabenen Umpflanzkandidaten ...

Federico Fellini

Warum?

Lucie Pückler

Damit die Rinde beim Transport nicht verletzt wurde, befestigte ihn, kippte die Deichsel mit dem Baum in die Waagerechte und fuhr dann zum vorbereiteten Pflanzloch. Dort ging es dann in umgekehrter Reihenfolge.

Unterwegs zerschlugen die Äste schon mal irgendwelche Fensterscheiben. Einmal musste er sogar das Cottbuser Torhaus für den Transport abdecken lassen.

Federico Fellini

Wieso wuchsen Pücklers Bäume eigentlich immer an?

Lucie Pückler

Sein Geheimnis! Die richtige Vorbereitung des Pflanzlochs machte es aus. Eine Zutat kann ich Ihnen verraten: Tierkadaver. Die lieferten Humus und Feuchtigkeit und ein reges Bodenleben.

Federico Fellini

Appetitlich!

Lucie Pückler

Einmal aber mickerten die Neupflanzungen, und er ließ nachgraben. Siehe da, hungrige Zeitgenossen aus dem Dorf hatten den Tierkadaver ausgegraben. Aber bei seinen Bäumen verstand er keinen Spaß. Seither ließ er die zu vergrabenden Kadaver mit Petroleum ungenießbar machen.

Die beinahe kurioseste Verpflanzung war die einer blühenden Kastanie. Er hatte der Besitzerin des Gasthofes »Zum weißen Ross« in Cottbus eine auf dem Hof stehende, riesige blühende Kastanie abgekauft. Die Kastanie wurde nach Branitz transportiert und dort eingegraben. Auf der großen Rasenfläche ließ er viele Fuhren guter Erde, vermengt mit fettem Lehm, ausbreiten und setzte den Baum, fast ohne ein Loch auszuheben, hin. Ein Leinenzelt schützte diese »Operation« vor den Sonnenstrahlen – und die Kastanie wuchs an. Keiner wollte das glauben, bis heute.

Federico Fellini

Jedenfalls erzählt man sich's ...

Lucie Pückler

Dem Mangel an Bäumen musste durch Anpflanzung von mehr als einer Million kleiner und über 400 Stück bis zu 30 Fuß hoher

Bäume abgeholfen werden. Ganz große Bäume von 50 bis 125 Fuß Höhe wurden aus weiter Entfernung herbeigeholt. Alle diese und viele andere Werke beschäftigten Hunderte von Arbeitern, denen dieselben, als eine Gelegenheit des Broterwerbs, zum wahren Segen gereichten.

Kommen Sie in die Gewächshäuser! Einen kräftigen märkischen Korn? Von der erlauchten Berliner Verwandschaft. Hilft bei jedem Wetter!

Federico Fellini

Salute, Principessa!

Lucie Pückler

Salute, Maestro! Prosit! Möge es bekommen!

Federico Fellini

Hatten Sie sich wirklich an seiner Parkleidenschaft beteiligt?

Lucie Pückler

O ja, sehr intensiv. Mein großer Anteil an seinen Schöpfungen wird immer noch unterschätzt. Zu meinen ersten Arbeiten in Branitz gehörte die Gestaltung der unmittelbaren Schlossumgebung. Er hatte anfangs nicht im Geringsten Neigung, sich hier niederzulassen. Er wollte sich lieber ein Stück Land in schon fertiger, schöner Landschaft am Fuße der Pyrenäen kaufen und nicht in diese flache Cottbuser Sandwüste ziehen.

Aber kaum war der Umzug vollzogen, schmiedete ich schon die ersten Pläne. Da das Schloss sehr ungünstige Proportionen hatte, war es mein Vorschlag, das Haus mit einer Terrasse zu umgeben. Er billigte all meine Projekte zur Veranda, Freitreppe, Vorhalle und Gewächshaus vollkommen. Meine Idee der Terrasse erhob das Schloss auf ganz unerwartete Weise, so dass es sich beinahe nicht mehr ähnlich und wirklich palaismäßig aussah.

Federico Fellini

Davor aber waren Sie doch entsetzt über seine Entscheidung,

Muskau zu verkaufen. Sie hatten auch Ihr Geld ins Muskauer Parkprojekt versenkt und konnten sich nicht vorstellen, ohne diesen Familiensitz und seine riesigen Ländereien zu leben.

Lucie Pückler

Ich verlor damals den Boden unter den Füßen. Der Verkauf brach mir fast das Herz. Krankheit und Verbitterung überfielen mich.

Federico Fellini

Sie waren sogar bei König Friedrich Wilhelm, um seine Unterstützung gegen Pückler zu bekommen.

Lucie Pückler

Aber vergebens. Und obwohl ich daraufhin in tiefste Depressionen versank, mich weigerte, mein Bett zu verlassen und meine Tage damit verbrachte, riesige Mengen von Pralinen zu konsumieren – er machte den Verkauf komplett.

Federico Fellini

Und so musste Ihr Haushalt nach Branitz bei Cottbus ziehen, 140 km vor Berlin.

Lucie Pückler

Es war nicht leicht. Er hatte mir ja auch schon vorher einiges zugemutet: seine langen Abwesenheiten im Ausland, die – allerdings gemeinsam – ausgedachte Schein-Scheidung, um sich in England eine reiche Lady für unser ausgelaugtes Konto besorgen zu können.

Federico Fellini

Und was dergleichen Eskapaden mehr waren.

Lucie Pückler

Dennoch gab letzten Endes ich den Ausschlag, mit der Verschönerung des neuen Wohnsitzes zu beginnen.
Dass trotz der anfänglichen Resignation eine großartige Parkanlage entstand, war eigentlich das Frappierendste daran.
Heute kann ich sagen: Sobald er wieder zu pflanzen begonnen

hatte, wurde er von seinem schöpferischen Gestaltungszwang regelrecht mitgerissen; denn je mehr die ersten Arbeiten glückten, um so stärker stürzte er sich erneut in die Parkleidenschaft.

Federico Fellini

Sein wahres Herz war der Park.

Lucie Pückler

Ja, und er konnte keine Wurzeln schlagen außer in dieser Kunst. Selbstlos und rücksichtslos. Zu den Gewächshäusern, die wir hinter uns gelassen haben, gehörten eine Baumuniversität, Baumschulen, ein Frühbeethof, ein Zwergobstgarten, ein großer Kompostplatz und vieles mehr – kurz, das funktionale Rückgrat der gartenkünstlerischen Arbeiten.

Federico Fellini

Ob wir wohl in unseren schöpferischen Prozessen ähnlich vorangingen? Wissen Sie, wenn ich beschloss, einen Film zu machen, so war für mich die Ausgangsidee nur der Vertrag, den ich dafür unterzeichnet hatte. Ich brauchte einen handgreiflichen Vorwand, sonst hätte ich meinen Ideen nie konkrete Form verliehen: Ich hätte einfach nichts getan.

Ich bin Künstler, das heißt, meine Psychologie ist die eines Kindes, das nur arbeitet, wenn man es dazu zwingt, was dann durchaus gestattet, dass ich inmitten dieser Nötigung und des mir auferlegten Zwanges meine Freiheit wiederfinde.

Lucie Pückler

Ich weiß nicht, ob ich Sie ganz verstehe. Jedenfalls, Pückler war sein Garten.

Federico Fellini

Und ich war mein Film. Natur konnte ich eigentlich nicht ertragen. Ihre Unberechenbarkeiten machten mich krank.

Meine Welt war die geschaffene Natur, die geschaffene Welt.

Die Fiktion kann eine treffendere Wahrheit erzeugen als die,

die wir vor Augen haben. Authentisch muss nur die innere Bewegung sein.

Lucie Pückler

Er aber liebte die Unberechenbarkeiten der Natur.

Federico Fellini

Ich sagte damals immer den allzu aufdringlichen Fragern: »Ich habe alles erfunden, eine Kindheit, eine Persönlichkeit, Erinnerungen – um sie erzählen zu können.« Meine Filme kamen der Poesie immer näher. Im Traum kann man eine rote Wiese, ein grünes Pferd oder einen gelben Himmel sehen. Zwischen den Farben einer Filmszene, so meine Beobachtung, findet eine regelrechte Ansteckung, ein fließender Austausch statt. Es ging mir darum, eine Wirklichkeit auszudrücken, die sich so verdünnte, dass sie in den Bereich des Visionären überging.

Eine Landschaft zum Beispiel hat Schichten von verschiedener Dichte, und die tiefste, die, die nur eine poetische Sprache heraufbeschwören kann, ist nicht die unwirklichste.

Lucie Pückler

Auf dieser Ebene hätten der Fürst und Sie sich wunderbar verstanden. Er wanderte unablässig durch seine Schöpfungen, um sie wieder und wieder neu sehen zu können.

Federico Fellini

Aber ich sah die Filme, die ich gedreht hatte, nicht besonders gern wieder. Geschah es dennoch, verspürte ich Gleichgültigkeit. Der Vorgang konfrontierte mich mit etwas Totem, an dem ich kein Interesse mehr hatte. Aber wenn ...

Lucie Pückler | Federico Fellini

... ich arbeite, bin ich glücklich!

Lucie Pückler

Lassen Sie uns weitergehen, Maestro!

Wenn der Fürst nur sehen könnte, welche Pracht im Laufe der

Jahrzehnte aus seinen Anpflanzungen gewachsen ist. Wie ein musikalisches Thema mit Variationen zieht sich seine Lust an der Komposition von Baumgruppen durch den Park.

Wenn wir uns umsehen: hier eine seiner geliebten Dreier-Gruppen, zwei Eichen und eine Linde, oft von Buschwerk begleitet, mit Rankenpflanzungen akzentuiert.

Oder dort am Schilfsee: ein Ensemble aus fünf Bäumen: Hainbuche, Graupappel, Linde, Rosskastanie, Robinie und am anderen Ufer gegenüber eine Gruppe Robinien. In weitem Abstand immer wieder das »Ausrufezeichen« einer Blutbuche.

Federico Fellini

Was war hier eigentlich los auf dem Gelände?

Lucie Pückler

Jahrelang gab es große und kleine Baustellen auf dem weitläufigen Gelände. Überall ging die Arbeit mit Hilfe der zahlreichen Trupps Gefangener aus dem nahen Cottbusser Gefängnis trotz vieler Widrigkeiten unaufhaltsam weiter.

Wir sind am Cottbusser Tor. Es markiert die Grenze zwischen innerem und äußeren Park. Früher mussten hier die Besucher aus der Stadt Billets lösen. Sie waren kostenlos, aber der Fürst wollte, trotz aller Öffnung gegenüber der Bevölkerung, doch die Kontrolle behalten.

Federico Fellini

Dort vorn, am Ende des Weges, auf einer kleinen Anhöhe blitzt eine silberne Kugel aus dem Buschwerk.

Lucie Pückler

Die Maler des 18. Jahrhunderts benutzten solche silbernen Kugeln, um sich von dem verschwommenen, scheinbar endlosen Panorama, das sie abbildeten, inspirieren zu lassen.

Federico Fellini

Verstehe ich gut. Für mich brachte das der Blick durch ein Kamera-

objektiv, welches den üblichen Blick auf die Welt verschob, verzerrte.
Und warum ausgerechnet hier unter den denkbar schlechtesten Voraussetzungen?

Lucie Pückler

Er hätte freilich in schönerer Gegend eine ganze Herrschaft mit der Umgebung einer viel großartigeren Natur für weniger Geld kaufen können, als ihn die hiesige gewaltsame Schöpfung gekostet hatte, aber er bereute es nie.
Er war hier ganz eigentlich der Wohltäter einer armen, bedürftigen Natur und Gegend, während er woanders mit ihr in Reichtum geschwelgt hätte.
Verdienst und Erfolg waren hier für ihn größer, und dann war Branitz auch ein altes Stammgut und Majorat seiner Familie.
Durch den Ankauf von Bauerngütern des nahen Dorfes, das zum Teil auf einer anderen Stelle wiederaufgebaut wurde, erhielt die ganze Anlage damals die notwendige Abrundung. So waren auch andere Wegeverläufe möglich.

Federico Fellini

Von einem klugen deutscher Gartenkenner habe ich mal gelesen: »Das Körpergefühl der eigenen Bewegung ist der Hauptsinn für das Verstehen des Raumkunstwerkes Garten.«
Das traf auch auf die Fahrten meiner Kamera zu. Hauptantrieb war das gestaltete Entdecken, Verbergen, Überraschen.

Lucie Pückler

Ja, schauen Sie zum Beispiel auf die Wege, die sich von hier ausbreiten und denen wir teilweise folgen: Was nützt mir am Ende ein Park, der mir nur ewig dasselbe Bild von wenigen Punkten aus darbietet, und wo mich nirgends sozusagen eine unsichtbare Hand auf die schönsten Stellen hinführt, mich das Ganze kennen und verstehen lehrt.

Dies aber ist der Zweck der Wege. Wege sind die stummen Führer für uns Spazierengehende.
Vor uns die nächste Anhöhe und der nächste point of interest. Ein großer schilfgedeckter Schirm, der allseits geliebte Parasol. Bezugspunkt der bisher ausgeschrittenen Wege und Beginn der nächsten Gartenwelt, die große Wiese der geplanten Pferderennbahn und die angrenzende Pyramidenebene.

Federico Fellini

Und nach der Anlage der Wege?

Lucie Pückler

Machte er sich an das Abstecken der Pflanzungen, zuerst der größeren Massen derselben, um das Bild in seinen großen Umrissen und Grundrissen gewissermaßen festzustellen, sodann an die Profilierung des Bildes durch Aufstellung einzelner, namentlich gleich großer Bäume und Baumgruppen. Zuletzt kamen die Planierungen und Rasenflächen. Er hatte die Wege mit seinem Spazierstock, den er hinter sich herzog, in den Sand gemalt, diese überprüft und mehrfach korrigiert. Beim Ausweisen der Gehölze hatte er den Parkarbeitern mit dem Megaphon Regieanweisungen zum Setzen der Markierungsstangen gegeben.

Federico Fellini

»Regieanweisungen«, wunderbar! Pückler ein Kollege der Regie in der Natur, Fellini in der gebauten Welt ...

Lucie Pückler

Noch um eine Biegung des Weges!
Hier, bitte bleiben Sie einen Moment stehen, hier öffnet sich von der großen Wiese der weite Blick zur rosa schimmernden Fassade des Schlosses.
Unsere Blicke gleiten über die dunklen Wasser des Schilfsees, springen wie über einen Spiegel in die Tiefe der Wiesen bis zur Abendseite des Schlosses.

Federico Fellini

Die Teiche sind die Spiegel, die Augen der Landschaft, die Kamera ist das Auge ...

Lucie Pückler

Maestro Fellini, hören Sie mir noch zu? Was sich hier in den Wasserflächen des Pleasuregrounds spiegelt, das sind die Bauminszenierungen meines Mannes.

Jetzt können Sie sie in voller Pracht erleben. Er versuchte, die Zeit zu besiegen. Solche Allmachtsphantasien waren ihm nicht fremd. Oft genug sah er sich als Schöpfer einer erhöhten Natur.

Federico Fellini

Ich war nicht ehrgeizig. Ich war sogar schüchtern. Ich bin immer noch ganz erstaunt, dass ich Regisseur werden konnte. Früher glaubte ich, mich nicht durchsetzen, weder andere noch mich beherrschen zu können.

Ich hatte mir das Filmemachen als Lebensaufgabe nicht ausgesucht, das Kino hatte mich ausgesucht.

Lucie Pückler

Er konnte auch keine 20 Jahre mehr auf seinen Branitzer Park warten. Er wollte Ergebnisse sehen, sofort, wenn irgend möglich! Und bezahlbar.

Maestro! Was ist? Wo sind Sie?

Federico Fellini

Ich hatte nichts übrig für bloße Konversation. Ich langweilte mich, wenn ich gezwungenermaßen meine Zeit mit Menschen, die ich wenig kannte, vergeuden und unnütze Reden führen musste.

Lucie Pückler

Sie meinen mich?

Federico Fellini

O nein, nein, chiedo scusa! Wissen Sie, wenn ich nicht arbeitete, lief ich gern planlos den ganzen Tag in Rom herum.

Lucie Pückler

Und der Fürst, mein geliebter Lou, den ganzen Tag planvoll durch den Park – das war die Arbeit.

Jenseits dieser Rennbahn-Wiese beginnt die sogenannte Ornamental Farm, la ferme ornée, der wirtschaftlich genutzte Teil des Landgutes.

Er umschließt den Pückler'schen Park rundum. Auch für diese schöne und gleichzeitig nützliche Landschaft wurde viel gestalterische Energie aufgewandt.

Und wir schätzten die vielfältigen Wege- und Blickbeziehungen von außen nach innen und von innen nach außen.

Federico Fellini

Ich analysierte mich nicht gern selbst.

Ich war nicht Redner, nicht Philosoph, nicht Theoretiker.

Ich war nur ein Erzähler, und Filme machen war mein Beruf.

Wo waren da die Unterschiede zwischen ihm und mir?

Lucie Pückler

Hier, aus einem seiner letzten Briefe, die ich gefunden habe: »Für mich ist Kunst das Höchste und Edelste im Leben, denn es ist Schaffen zum Nutzen der Menschheit. Nach Kräften habe ich mein langes Leben hindurch im Reiche der Natur geübt. Jetzt kann ich mit dem beruhigenden Gedanken sterben, nicht wie ein Kohlstrunk vegetiert zu haben.«

Federico Fellini

Hören Sie? Musik aus einem meiner Filme! Hören Sie?

Bleiben wir noch etwas unter diesem großen Schirm!

Lucie Pückler

Dem Parasol.

Federico Fellini

Hören Sie? Ein Gartenfest. Herrliches Essen, weiße Tischdecken wehen im Abendwind.

Lucie Pückler

Wenn ich doch noch einmal einen Ihrer Filme sehen könnte!

Federico Fellini

Vorhin fiel wieder mal ein Wort: Pleasureground. Was ist das, Fürstin?

Lucie Pückler

Im Deutschen schwer wiederzugeben. Ein an das Haus stossendes, geschmücktes und eingezäuntes Terrain, gewissermassen ein Verbindungsglied zwischen dem Park und den eigentlichen Gärten.

Federico Fellini

Und was sind die eigentlichen Gärten?

Lucie Pückler

Er benutzte dafür immer den Begriff der »ausgedehnteren Wohnung unter freiem Himmel« und wünschte sich dort Schmuck, Bequemlichkeit und soviel Pracht, als die Mittel erlaubten.
Er empfahl, die Gärten so abwechslungsreich wie die verschiedenen Salons im Innern des Hauses anzulegen, jeden anders ausgeschmückt.

Federico Fellini

Man kann sich inzwischen sogar meine Filme auf dem Telefon ansehen, incredibile!

Lucie Pückler

In Branitz fanden der Fürst und ich am Anfang eine desolate Situation vor. Darum beschlossen wir zuerst die Umgestaltung der unmittelbaren Schlossumgebung.

Federico Fellini

Welten bauen, ja! Nichts anderes, als ich in der geliebten Cinecittà tat. Mein Filmarchitekt hätte seine Freude an Ihnen gehabt.

Lucie Pückler

Er sah den höchsten Grad landschaftlicher Gartenkunst erreicht, wo die Gegend wieder freie Natur, jedoch in ihrer edelsten Form, zu sein schien. Die Hand des Menschen sollte wenig darin sichtbar sein.

Federico Fellini

Wir wären uns sehr nah gewesen, in unserer Arbeit.

Die Wirklichkeit, die Wirklichkeit! Wie hatten meine Freunde, die Regisseure, sich damals über einen Begriff von Wirklichkeit gestritten!

Lucie Pückler

Man munkelte immer wieder, Pücklers Gestaltung des Parks von Branitz ziehe Parallelen zur politischen Organisation der menschlichen Gesellschaft. Na ja, ich weiß nicht ...

Federico Fellini

Ich behaupte, auch ich erkenne in der Vollkommenheit der Platzierung seiner Baumgruppen gewissermaßen die Idee der französischen Revolution.

Lucie Pückler

Leise, leise, wir befinden uns auf ehemals preußischem Boden.

Federico Fellini

Aber signora, scusi, principessa, er zeigt uns hier die Befreiung des Individuums aus den Fesseln des Absolutismus.

Ja, wirklich, das hat er in seine Garten- und Parkgestaltung übertragen.

Lucie Pückler

Sehr kühne Behauptung, fand ich schon immer. Zumindest so laut ausgesprochen.

Federico Fellini

Er hat auch mit dem Wechsel von Solitärbäumen und Baumgruppen seine philosophischen Akzente gesetzt.

Lucie Pückler

Wir, Fellini! Er und ich!

Federico Fellini

Und für deren freie Entfaltung gesorgt. Andrerseits aber nie ihre Einbindung in ein harmonisches, in seinen Raumbildern harmonisches System vergessen.

Lucie Pückler

Er hätte sich von Ihnen gesehen und geachtet gefühlt.
Danke, in seinem Namen. Ja, Sie haben wohl recht, es war die Freiheit der Bäume, nach der wir uns so sehnten.
Er wollte mit dem Muskauer Park dem nicht mehr lange zu erhaltenden Gesellschaftsmodell unseres adeligen Standes Ausdruck verleihen. Ein sinniges Bild des Lebens unserer Familie und der vaterländischen Aristokratie darstellen.
Und andrerseits, wie ich von ihm später gelesen habe, mit dem Tumulus in Branitz dieser versinkenden Epoche ein die Jahrhunderte überdauerndes Denkmal setzen.

Federico Fellini

Ich glaube, dass mir nichts so sehr am Herzen lag wie die Freiheit des Menschen, die Befreiung des Einzelnen aus den Maschen, den Stricken, den Netzen der moralischen und gesellschaftlichen Konventionen. Für mich war das Leben schön, mit all seinen Tragödien und Schmerzen. Es gefiel mir, es erheiterte und rührte mich. Und ich tat mein Bestes, damit auch die andern an meiner Art zu fühlen teilhaben konnten. Sehen Sie, Ihre Schöpferkraft, Ihr Geist und Geschmack zeigen sich im Großen und im Kleinen. Aus einer Sandwüste ist unter Ihrer beider Hände ein Paradies geworden.

Lucie Pückler

Und Ihre Wüstenei war die leere Seite am Beginn jedes Ihrer Drehbücher und die Trostlosigkeit eines noch nicht genutzten Filmateliers in Cinecittà. Aus dem dann Ihr Paradies entstand.

Federico Fellini

Invero, Principessa!

Aber wieviel mühsamer war die Umsetzung Ihres »Drehbuchs«!
»Erdbändiger« hatte man ihn genannt.

Lucie Pückler

Ja, Rahel hatte das mal gesagt ...

Federico Fellini

Wer bitte?

Lucie Pückler

Rahel Varnhagen, eine unerschütterliche Freundin und die Frau des prächtigen Varnhagen von Ense.
Sie sagte mal, hier in Branitz hätte er mehr getan als in Muskau.
»Dort fand er eine Landschaft vor, hier musste er sie erst schaffen.«
Wie wahr, wie wahr. Branitz war nie nur eine Wiederholung seines geliebten Muskau.

Federico Fellini

Ich war sofort hingerissen, als ich hierher kam. Dieser Blick!
Die Sandwüste hörte auf, plötzlich war ich in einer verzauberten Landschaft, die so natürlich wirkte, als wenn nicht ein Mensch, sondern die Natur sie gepflanzt hätte.

Lucie Pückler

Cinema verità!

Federico Fellini

No, no, al contrario! Verità, was ist das?
Alle Dogmatiker verübelten mir, dass ich meine wahre Heimat, die künstliche Stadt am Rande Roms ...

Lucie Pückler

Ihr Pleasureground.

Federico Fellini

... Cinecittà, mit meiner Kamera und meinen Szenenbauern und meinen Schauspielern nicht mehr verlassen wollte.
Für mich war die erschaffene Wirklichkeit eine Möglichkeit, die so

genannte wirkliche Wirklichkeit ohne Vorurteil zu sehen, ohne dass die Konventionen dabei eine Rolle spielen.

Lucie Pückler

Auch keine politischen!

Federico Fellini

Richtig! Die Realität ist kein Panorama mit nur einer Dimension. Eine Landschaft zum Beispiel hat Schichten von verschiedener Dichte, und die tiefste, die, die nur eine poetische Sprache heraufheben kann ...

Lucie Pückler

Ist nicht die unwirklichste! Sie reden wie er vor 150 Jahren.

Federico Fellini

Jedes Bild ist realistisch und gleichzeitig ein Zeichen, ob in einem Film oder hier in diesem Park.

Lucie Pückler

Jeder Baum, jede Wiese ist real und gleichzeitig ein Zeichen.

Federico Fellini

Ich werde verstanden!

Lucie Pückler

Und der Mensch ist nicht nur ein soziales Wesen, sondern auch ein göttliches.

Federico Fellini

Unter der realistischen Oberfläche ...

Lucie Pückler

... schimmern existentielle Wahrheiten.

Federico Fellini

Der Zustand der Verlorenheit als menschliche Grundsituation.

Lucie Pückler

Schauen Sie hin, nehmen sie wahr: die Zweier- oder Dreier-Baumgruppen im letzten Drittel der sanften Wellen des Wiesengrundes ...

Federico Fellini

Für einen Filmmenschen ist die Stadt Rom ... ist Rom der ideale Hintergrund, verfertigt von der besten Filmgesellschaft der Welt. Alle Dekorationen, die man für alle Filme eines Lebens braucht, sind hier vereinigt.

Lucie Pückler

Um so erstaunlicher, dass Sie nicht die realen Kulissen genutzt haben, sondern fast immer Attrappen im Studio nachbauen ließen.

Federico Fellini

Attrappen? Was sind denn die Schmiede, eine italienische Mauer, eine Erdpyramide und so weiter anderes?

Lucie Pückler

Es macht den Eindruck, Sie hatten Angst, auch Ihre Fresken könnten unter der Sauerstoffzufuhr der Wirklichkeit zusammenbrechen. Erinnern Sie sich?

Federico Fellini

Die magische Szene aus meinem »Roma«.

Lucie Pückler

Selbst später das Verkehrschaos auf der römischen Ringautobahn ist eine Rekonstruktion im Atelier, wenige Kilometer vom realen Rom entfernt.

Federico Fellini

Und Ihre Parks? Sind das nicht auch sublime Rekonstruktionen von Natur?

Lucie Pückler

Haben wir manches Mal auch so gesehen, ja.

Federico Fellini

Glauben Sie mir, die Fiktion kann eine treffendere Wahrheit erzeugen, als die alltägliche es ist, als die, die wir vor Augen haben. Authentisch muss nur die innere Bewegung sein. Als ich das erkannte, war es, als täte sich ein unbekanntes Panorama auf, als entdeckte ich neue Perspektiven, aus denen man das Leben betrachten kann, die Möglichkeit, seine Erfahrungen mutiger und in größerem Umfang zu nutzen, viele Energien und Materialien wiederzugewinnen, die unter den Trümmern von Ängsten, unbewusst gebliebenen, unbeachteten Wunden begraben waren.

Lucie Pückler

Wenn ich lange suche, würde ich einen Text meines Mannes in diesem Sinne finden, da bin ich sicher.

Federico Fellini

Das vereint uns doch, oder? Ich glaube, dass es möglich ist, einen Film mit der gleichen Privatheit, Direktheit und Unmittelbarkeit zu machen, mit der ein Schriftsteller schreibt oder ein Maler malt.

Lucie Pückler

Oder ein Gärtner seine Bäume in Sandwüsten setzt.

Federico Fellini

Wir sollten mal unsere Arbeit tauschen. Was für eine Entdeckungsreise wäre das!

Lucie Pückler

Das könnte er nicht, das könnte ich nicht!

Obgleich der Schauplatz Branitz freilich besser hätte gewählt werden können. Immer mehr überzeugte er sich, dass sein Beruf auf dieser Welt die Kunst sei, künstlerisches Schaffen aller Art. Dabei bekam seiner Seele das Überwiegen des einsamen Lebens mit Natur, Phantasie und philosophischem Denken am besten, wenn auch für ihn zuweilen, wie in allen Dingen, die Abwechslung sehr nötig war.

Vor allem seine Begegnungen mit unzähligen Menschen überall auf seiner von ihm umgrenzten Welt.

Federico Fellini

Ich bin gern allein und denke gern für mich nach.

Aber ich kann nur allein sein, wenn ich unter Menschen bin.

Gut nachdenken kann ich nur, wenn ich eilig, völlig durcheinander, von lauter Schwierigkeiten bedrängt, Fragen zu regeln, Probleme zu lösen, wilde Bestien zu zähmen gezwungen bin. Das erwärmt mich und bringt mich in Stimmung.

Lucie Pückler

Dass das Branitzer Unternehmen eine halbe Raserei war, und die Tausender dabei wie die Schmetterlinge umherflogen, steht fest. Aber was sollte er tun? Seine Bestimmung war es nun einmal, aus Wüsten Oasen zu machen.

Wir sind am äußersten Zipfel des Parks. Drehen Sie sich um.

Weit vor uns jetzt die See- und die Erdpyramide. Was er hier nach meinem Tod noch alles schaffen konnte! Ich habe einige Briefe des Fürsten für Sie.

Wo sind sie nur? Wissen Sie, Fellini, im Angesicht dieses letztendlich doch gemeinsamen Grabes – in Idee und Werk des Fürsten finden sich starke pantheistische Züge.

Ebenso wie Goethe identifizierte er Gott als unpersönliches Prinzip Natur. Das Göttliche spiegelt sich in Natur und Welt, und damit auch im Einzelnen selbst. Denn der Mensch ist Produkt der Natur. Folgerichtig versuchte Pückler in seinen Parkschöpfungen, Landschaft als Atlas der Leidenschaften, des Weiblichen, der Fruchtbarkeit, der eigenen Geschichte, der familiären Netzwerke zu gestalten. Wege, Gewässer, topographische Punkte waren in Muskau nach Freundinnen benannt, speicherten Erinnerungen, verschlüsselten erotische Begegnungen, huldigten der Frau als Kultobjekt: Luciesee, Schnuckebeet, Sophienweg, Helminensteg, Nachtigallensteig, Sontag-Pavillon.

Ach ja, hier, sein letzter Brief an mich. »... denn dieser Park ist die Geschichte meines Lebens – ich habe hier wohl Erinnerungen eingebracht, wie konnte ich das Ihrige, geliebteste Freundin, da ausschließen, das zum Teuersten und Interessantesten gehört?

Ich werde dies Jammertal, Erde genannt, nicht mehr belästigen müssen. Jedenfalls auf Wiedersehen für uns beide im Himmel, den ich durch Millionen Bäume, Riesen und Zwerge, bepflanzt habe, und Du selbst hast noch viel mehr Gutes getan. Wenn Du mir keinen Korb gibst, verheiraten wir uns als Engel, wo alles voll Schönheit und ohne Alter ist. Ich freue mich herzlich darauf, als immer herzliches Kind. Vorher aber, hoffe ich, wollen wir noch als gutmütige Sterbliche in Deinem Garten spazieren gehen. Einstweilen lass mich wenigstens in solchen süßen Gedanken leben und in diesem Traume schwelgen. – Ich liebe dich mehr als jemals. Ach, könntest Du dasselbe für mich fühlen. Alles das ist sonderbar, aber vollkommen wahr. – Dein für immer, wenn Du willst, und meine Gegenwart soll Dir nie lästig werden, vielleicht ich Dir lieber werden als bisher. Ich fühle dies mit Sicherheit, trotz meines Alters, das zu meiner Verwunderung noch viel Junges besitzt.«

Federico Fellini

Pückler betrat die Bühne seines Lebens in immer neuen Rollen. Absurde und selbst makabre Inszenierungen standen auf seinem Spielplan.

Lucie Pückler

Ich höre ihn noch: »Bei mir heißt es nicht: Was werden die Leute davon sagen? Sondern: Werden auch die Leute etwas davon sagen?«

Er besaß eine echte Schauspielerseele, die die Welt als Zuschauer beanspruchte, um befriedigt zu werden. Seine vielseitigen Veranlagungen verführten ihn ständig, diese auszuspielen. Er hätte eine große politische Rolle spielen können, denn er hatte einen unerschütterlichen, kalten Mut und einen unverwüstlichen Leib. Und diesen Mut wie diesen Leib beherrschte ein abenteuerlicher, starker Geist.

Hier sind wir nun auf der ägyptischen Brücke. Links und rechts von uns die beiden Pyramiden. Wie seltsam und phantastisch, wunderbar und bedeutend erscheinen sie hinter den verschiedenen Biegungen der Wege. Lange nach meinem Tode verbiss er sich in diese Aufgabe. Er wollte sich, vielleicht auch uns, wahrlich ein besonderes Denkmal setzen. Rings um die eine legte er einen See an, der mit der übrigen Wasserlandschaft, den Seen, Bachläufen und Kanälen, letztlich auch der Spree, verbunden wurde. Können Sie auf der Spitze der grasbewachsenen Landpyramide die durchbrochene Eisenplatte sehen und die Worte lesen?

Federico Fellini

»Gräber sind die Bergspitzen einer fernen neuen Welt.«

Lucie Pückler

Ich habe ihn so gut verstanden. Dieser Satz steht wie ein Motto über seinen Landschaften, meint, das Hineinsinken, die Rückkehr allen Lebens in den Schoß der Erde.

Federico Fellini

Und welchen von diesen riesigen Erdhügeln bestimmte er zu seiner Grabstätte?

Lucie Pückler

Die auf dem Spiegel des künstlichen Wassers scheinbar schwebende – die Seepyramide. Schwebend und gleichzeitig im Wasser und in der Erde versinkend und damit in die Elemente der Natur zurückkehrend.

»Mein Tumulus«, wie er beinahe zärtlich immer sagte. Und seine letzten Worte auf dem Totenbett: »Man öffne mir den Weg zum Tumulus.«

Federico Fellini

Warum hat er sich als letzte Ruhestatt nur einen solchen Sandhügel errichtet?

Lucie Pückler

Seine Pyramiden waren ihm Chiffren der Unsterblichkeit. Er wollte damit noch einmal die großen Geschichten alter Zeiten beschwören – bevor diese ein für allemal vergessen sein würden.

Federico Fellini

Der Verfall der Mythen ist vielleicht nur ein vorübergehender Spuk.

Lucie Pückler

Das glaube ich eher nicht.

Federico Fellini

Wenn man Masken und Monstren an sich vorüberziehen lässt, sieht man einige verblassen, andere stürzen; es sind die, von denen man nichts mehr weiß. Die Moralisten jammern, aber etwas ist dabei gewonnen: Eine gewisse Ordnung hat sich überlebt. Trotzdem, wir projizieren weiterhin idealisierte Bilder über die Dinge, die wir sehen. Aber diese Ideale kaschieren die Wirklichkeit.
Es gibt nichts Ideales, keine ideale Frau, kein ideales Paar, keine ideale Stätte, keine ideale Situation. Bei allem kommt es nur darauf an, dass man mit seinen Problemen zu leben lernt.

Lucie Pückler

Wir sind an den Ufern des Schlangensees. Hier war eine Fontäne vorgesehen, die aus einem Wasserbehälter oben auf dem Hermannsberg gespeist wurde ...

...

Federico Fellini

Das alles wird ein Film werden! Ein großartiger Film! Ein Fellini!

... aufgeschrieben von Niels-Peter Rudolph

Die Textfassung ist gegenüber der Hörversion gekürzt.

Das ganze Land ein Garten

Horst Schumacher

Der Gegenstand der Abhandlung

Ist Brandenburg ein Land der Parks und Gärten? Na klar, mag man denken! Oder etwa doch nicht? Immerhin sind in der von der UNESCO geführten »Liste des Kultur- und Naturerbes der Welt« (World Heritage List) seit 1991 für ganz Brandenburg lediglich eine Handvoll Parkanlagen im Zentrum der Potsdamer Kulturlandschaft verzeichnet, nämlich:

Sanssouci
Neuer Garten
Babelsberg
Sacrow (Gutspark mit Heilandskirche)
Pfaueninsel
Nikolskoe
Klein-Glienicke
Böttcherberg

Wollte man den Fokus ausschließlich auf dieses Weltkulturerbe richten, so, als erschöpfte sich darin das Potenzial an sehenswerten Parks und Gärten in dem heute ca. 29 500 km^2 großen Land Brandenburg, dann würde man einem fatalen Irrtum aufsitzen. Man hätte jede Chance vertan, auch diejenigen Parks und Gärten zu würdigen, die für die Entwicklung des Landes seit der Mitte des 17. Jahrhunderts, also innerhalb der zurückliegenden 350 Jahre, eine bedeutende Rolle gespielt haben. Explizit davon soll hier die Rede sein.

Begeben wir uns also auf eine Spurensuche, deren Ergebnis einen Aufschluss darüber geben soll, welchen Beitrag Parks und Gärten in Brandenburg für die kulturelle, die gesellschaftliche, die politische und die wirtschaftliche Entwicklung des Landes geleistet haben. Man greift nicht zu hoch, wenn man konstatiert, dass von den Parks und Gärten entscheidende Entwicklungsimpulse ausgingen, ohne die das von Natur aus nicht besonders begünstigte Land nicht diese reiche Blüte hervorgebracht hätte, die sich in einer spezifischen Rückblende offenbart. Somit entpuppt sich die Spurensuche als Versuch, in aller Kürze einen ins ganz Große greifenden zusammenhängenden Überblick herzustellen.

Wenn wir uns in diesem Werk mit der Vorstellung lediglich einiger Anlagen begnügen, so sei dennoch ausdrücklich angemerkt, dass diese nur einige wenige sein können aus der Zusammenstellung der insgesamt mehr als 300 Anlagen, die beispielsweise Paul Ortwin Rave in einer 1939 veröffentlichten Liste zusammengetragen hat; einige wenige auch nur von den heute noch bestehenden etwa 500 Gutshäusern und Schlössern mit ihren Parks und Gärten, die dem Bundesland Brandenburg eine regionale Identität geben. Von diesen seinerzeit verzeichneten Anlagen sind nicht mehr alle erhalten oder nicht alle in einem Zustand, der einen Besuch zu einem Genuss werden ließe. Denn die Verwüstungen während des Zweiten Weltkrieges sowie jene, die aufgrund der beschworenen wirtschaftlichen Erfordernisse des Braunkohletagebaus eintraten, und auch jene Verwüstungen, die aus der Weltanschauung der politisch Verantwortlichen der DDR resultieren, haben viele der Anlagen zerstört. Schon für den Kunsthistoriker Rave war es vor 70 Jahren nicht einfach, sie in einer Liste zusammenzustellen.

Residenzlandschaft

Mit dem Westfälischen Frieden 1648 wird nicht nur das Ende eines 30 Jahre währenden europäischen Religionskrieges mit all seiner Pein und Not bestimmt, es ist mit ihm für die Entwicklung Brandenburgs definitiv ein Neubeginn von außerordentlichen Ausmaßen verbunden. Vergegenwärtigen wir uns Situation und Zustand des Landes zu dieser Zeit: Wir finden ein ganz und gar erbärmliches Durchzugsland vor, geplündert und entvölkert;

die kleine Schar, die in Städten und Dörfern zurückgeblieben ist, wird von Hungersnöten und Krankheiten geplagt, die land- und forstwirtschaftlichen Kulturen sind ruiniert.

Aber mit Kurfürst Friedrich Wilhelm I. von Brandenburg (1620–1688), genannt der »Große Kurfürst«, regiert seit 1640 ein willensstarker Herrscher mit der Idee, das Land in der Mitte, das allseits von begehrlichen Kräften umgeben ist, neu zu festigen. Eine aus drei Komponenten zusammengesetzte Veränderung soll das bewerkstelligen: Als Erstes soll ein stehendes Heer einen eindeutigen Weg aus dem brandenburgischen Machtvakuum weisen. Dann soll die wirtschaftliche Potenz wieder erstarken; dafür wird eine spezielle Ansiedlungspolitik (»Peuplierungspolitik«) gewählt, nämlich die Öffnung Brandenburgs für Religionsflüchtlinge aus West und Ost. Das sollte sich bewähren, denn die neuen Bewohner sind nicht nur fleißig, sie sind auch geschickte Handwerker, die das Land dringend braucht. Und sie bringen ihre Kultur mit, die als Bereicherung willkommen ist, egal ob in kulinarischer Hinsicht oder beim Gesang in der Kirche. Als Drittes ist der Große Kurfürst um Omnipräsenz in seinem Land bemüht, also darum, eine Allgegenwart zu demonstrieren, die ihre Materialisierung erfährt im Ausstaffieren des Berliner Residenzschlosses mit seinen Sommer- und Nebenresidenzen, den Jagdparks, Lustgärten und Alleen, die weit ins Land hineingreifen.

Um- und Neugestaltungsmaßnahmen am Stadtschloss in Berlin beginnen noch vor dem offiziellen Ende des 30-jährigen Krieges. Dazu gehören auch Arbeiten am Lustgarten. Dieser umfasste ein Areal, das heute mit dem wiederhergestellten Lustgarten am Alten Museum und der angrenzenden Museumsinsel beschrieben werden kann. Vom Schloss aus nach Westen wird 1647 die heute als Straße »Unter den Linden« bekannte Anlage gepflanzt. Es handelt sich um einen repräsentativen Reitweg zu dem im Westen gelegenen Jagdpark, also von der Hundebrücke bis zur östlichen Grenze des »Thiergartens«. Die sechsreihige Allee war mit tausend Linden und Walnussbäumen bepflanzt, die aus Holland bezogen worden waren.

Der Große Kurfürst war durch Johann Moritz von Nassau-Siegen gut beraten für die Konzeption und Realisierung derart aufwendiger Landschaftsgestaltungsmaßnahmen. Dieser hatte in Kleve schon solche Ideen umgesetzt und war in Südamerika, in Brasilien, in leitender Funktion beteiligt am Aufbau von Recife und Mauritzstadt. Insofern überrascht es nicht, wenn in dieser ersten kurfürstlichen Periode nördlich und südlich der Linden-Allee auch zwei neue Stadtteile errichtet werden: Friedrichswerder und die Dorotheenstadt (benannt nach dem Großen Kurfürsten sowie seiner zweiten Gemahlin, Dorothea von Holstein-Glücksburg). Und es überrascht nicht, dass diese Stadtteile den Kolonialstädten der niederländischen Überseekolonien ähneln. Diese »kurfürstlichen Privatstädte«[1] stellen mit der ihnen eigenen Art der Regelmäßigkeit, wie ein Schachbrett ohne Zentrum, gleichsam den Beginn des modernen Städtebaus dar.

Der Große Kurfürst belässt die Idee von der Bildung eines Zentrums der Mittelmark nicht bei einer Konzentration von Bauaufgaben in Berlin, vielmehr werden für die Umsetzung eines logischen, innenpolitisch wohlbegründeten Programms in die Bau- und Planungstätigkeiten auch Oranienburg (1651–1655, Residenz der Kurfürstin Louise Henriette von Nassau-Oranien), Potsdam (1661–1670, Sommerresidenz) sowie Köpenick (ab 1678, Residenz des Kurprinzen Friedrich) einbezogen. Die Berliner Residenz als Zentrum des Landes wird folglich mit Nebenresidenzen umgeben, und zwar in der Form eines beinahe ebenmäßigen Dreiecks. »Alle drei Nebenresidenzen stehen in einem inneren Bezug zueinander. Sie verdichten die sichtbare Präsenz von Kristallisationskernen und exemplarischen Zonen fürstlicher Souveränität und Vollkommenheit zu einem zusammenhängenden System, in dem der Anspruch auf das Land fassbar wird. (...) Für alle drei Nebenresidenzen aber ist kennzeichnend, dass sie sich viel stärker auf die Einrichtung großer Gartenkomplexe und die Ordnung des landschaftlichen Umlandes ausrichten als auf eine Bezugnahme auf die (in unmittelbarer räumlicher Nähe gelegenen) bestehenden Stadtkerne. Die Schlösser werden zum Mittelpunkt großer Systeme von Gärten, Tierparks, Jagdwäldern, Reitwegen und Alleen, die zu ›Dependancen‹, kleinen Pavillons und Lusthäusern führen.«[2] Dabei hatten sie neben den reinen Repräsentationsaufgaben noch andere Ziele zu erfüllen. So ist beispielsweise vom Lustgarten in Bornim aus einem 1713 aufgenommenen Inventar bekannt, dass dort »(...) 1595 Obstbäume (wuchsen), hochstämmig oder an Spalieren gezogen: Aprikosen, Pfirsiche, Birnen, Äpfel, Kirschen, Pflaumen und Quitten, auch süße Kastanien, Walnüsse und Mandelbäume, außerdem Johannisbeerstämmchen, Schneeballblumenbäume und Mispeln.«[3] Solche Anlagen waren als Muster für Gartenbau und Landwirtschaft gedacht. An der Konzeption war in wesentlichen Aspekten wiederum Johann Moritz von Nassau-Siegen beteiligt, der von der Anstellung bildender Künstler, dem Erwerb von Kunstwerken und Büchern alles vermittelte und außerdem eigene Ideen zur Landschaftsgestaltung einbrachte. Entstanden sind großzügige Alleen, Sichtachsen, Obstplantagen, landwirtschaftliche Mustergüter, die von nun an die Umgebung der Residenzen prägten. »Auch auf einigen märkischen Adelsgütern, wie in den der Familie Dohna gehörenden Altlandsberg oder auf dem Hertefeldschen Besitz in Liebenberg, wurden derartige Konzepte einer umfassenden Landschaftsgestaltung verwirklicht. Ein solcher Musterbetrieb war auch das seit 1650 der Kurfürstin Louise Henriette gehörende Amt Bötzow (das spätere Oranienburg, Verf.), wo sich die Landesherrin um eine wohlorganisierte Milchwirtschaft, die Schafzucht, den Gemüsebau und die Blumenzucht verdient gemacht hat.«[4] Für alle drei Residenzen gilt, dass sie regelrechte Impulsgeber für die Ortsentwicklung waren und bis in die Gegenwart sind.

Kurfürst Friedrich III. von Brandenburg (1657–1713, reg. 1688, König Friedrich I. ab 1701), des Großen Kurfürsten Sohn, strebte nach königlichen Würden. So erklärt sich die Intensivierung von Planen und Bauen erst recht als eine Angelegenheit von repräsentativer, ja staatspolitischer Dimension. Bei Regierungsantritt setzte er zunächst das Werk seiner Vorgänger (seines Vaters und seiner Mutter Louise) mit dem begonnenen Werk in Oranienburg, die Gestaltung landschaftlicher Flächen, fort. Danach »(...) setzte er durch völlig neue Anlagen auch bald eigene Akzente: 1691 folgte der Erwerb von Schönhausen, 1693 der Erwerb von Tegel; 1694/95 schlug Friedrich III. der Kurfürstin Sophie Charlotte Malchow oder Weißensee vor (Malchow erwarb er dann 1704, nachdem die Kurfürstin auf seine Vorstellungen nicht eingegangen war); 1697/98 schließlich wurde Rosenfelde übernommen, das den Namen Friedrichsfelde erhielt; es folgten endlich noch Blankenfelde und Rosenthal.«[5]

Wiederum lässt sich die Konzeption erkennen, nämlich »den Landschaftsraum mit einem Netz von ›Stützpunkten‹ der ›fürstlichen Sphäre‹ zu überziehen. (...) Im Gegensatz zur Strategie des Großen Kurfürsten aber werden diese Stützpunkte immer näher an die Hauptresidenz herangerückt. Sie bilden hier schließlich einen recht eng um das Schloss und das bürgerliche Zentrum geschlossenen halben Ring«[6]. Die Strategie ist klar: Zu dem bereits vorhandenen landesherrlichen Besitz westlich des Berliner Schlosses werden landesherrliche Besitzflächen im Osten hinzugefügt. Durch die zahlreichen Lustschlösser und -gärten war die gesamte Umgebung des Schlosses unübersehbar mit Markierungspunkten fürstlicher Souveränität abgesteckt. »Die gesamte Umgebung des alten bürgerlichen Zentrums wurde durch Zeugen landesherrlicher Präsenz besetzt. Sie wurde stilisiert zum Umland der Hauptresidenz, des zukünftigen Königsschlosses. Es kam hier zum ersten Mal ein klarer Zentralisierungsgedanke zum Ausdruck, der auf eine rein abstrakt vollzogene Ordnung begrenzt war (d. h. ohne dass wirkliche Verbindungen wie Achsen oder Alleen vorgesehen worden wären); diese Idee ist aber nur verständlich als programmatische Verkörperung zukünftiger Königswürde.«[7]

Bemerkenswert ist, dass Kurfürst Friedrich III. Bauprojekte im Binnenland etablierte, die also verkehrstechnisch nur auf dem Landweg erreichbar waren. Das war durchaus noch keine Selbstverständlichkeit. Die Projekte seines Vaters waren alle über Wasserwege erreichbar, und das bedeutet, dass sie eine zum Wasser hin orientierte Ausrichtung hatten, anders gesagt: dass sie vom Wasser aus eine schöne Ansicht darstellten.

Charlottenburg passte nicht lückenlos in das Konzept des Königs in spe, der seine Ziele östlich der Stadt abgesteckt hatte. Das Projekt seiner zweiten Gemahlin Sophie Charlotte stimmte damit schon wegen der Wahl des Standortes für Lützenburg nicht überein. »Sie rückte das Projekt Lützenburg, jedenfalls für den Entstehungszeitpunkt 1694/95, aus dem eigentlichen Planungsgeschehen heraus und stellte es im wahrsten Sinne des Wortes ins Abseits.«[8] Außerdem ist Charlottenburg, das umbenannte Lützenburg, auch im Hinblick auf die Parkanlagen im französischen Stil gehalten.

Die landschaftsarchitektonische Erscheinung des kurfürstlichen Machtzentrums der Mark unterscheidet sich grundsätzlich von der Idee, die der junge französische König Ludwig XIV. ab 1661, also in der gleichen Epoche, realisieren ließ. In Versailles herrscht die »Politik des Blicks«[9], dort konzentriert sich alles gleichsam auf einen einzigen Punkt; so weitläufig die Anlagen auch sein mochten, so sehr forderte der König als »roi soleil«, und mit dem Anspruch »L'État c'est moi!«, dass sich die gesamte Aufmerksamkeit in seiner Person und seinem Aufenthaltsort konzentrierte. Den brandenburgischen Kurfürsten aber ging es nicht um die Fokussierung eines Machtzentrums in einem Punkt, dem herrschenden König, der auch Gott ist in jener Zeit, sondern um die Darstellung derjenigen Flächen, die sie als Herrschaftsgebiet beanspruchten, die sie wiederbesetzt hatten; sie legten ein großes Netzwerk aus, mit axialen Bezügen, die weite Teile des Landes miteinander verspannten und nicht selten durch gepflanzte Alleen auch sichtbar wurden, wenngleich den Achsen und Alleen nicht immer primär eine verkehrstechnische Funktion zugrunde lag. Die Knoten des Geflechts, um im Bild zu bleiben, sind Orte, in denen der Landesherr sitzt, die ihn als uneingeschränkten Herrscher ausweisen. »Durch das Allee- und Achsennetz wird das ganze Land als sein Garten interpretiert. Die gesamte Gestaltung spielt also auf sein Fürstentum an und beansprucht für dieses gleichzeitig und unumstößlich die uneingeschränkte Herrschaft.«[10]

Innere Kolonisation

Friedrich Wilhelm I., der Soldatenkönig, fand keinen Gefallen an umfangreichen und der Repräsentation dienenden Bauprojekten, wie sein Vater sie initiierte. Er sah darin eine Verschwendungssucht, die er missachtete. Seine Leidenschaft galt der Jagd, was zur Festigung und Erweiterung von königlichen Jagdgebieten führte. Weil das große Jagdgebiet um Königs Wusterhausen immer nur mit erheblichem Zeitaufwand erreichbar war, ließ er in der Nähe von Potsdam die Parforceheide einrichten. In der Tradition der Zeit erhielt dieses Jagdgebiet eine Sternanlage, bestehend aus prächtigen Alleen und Sichtschneisen, die noch lange nach seinem Tod Bestand hatten. Im Zentrum dieses Sterns ließ er ein kleines Jagdschloss errichten, beschaulich und im holländischen Stil als Backsteinbauwerk. Es war das einzige Schloss, das er sich während seiner 27-jährigen Regierungszeit gönnte, und es steht heute noch dort, wenngleich in nicht mehr adäquater Umgebung.

Die andere Leidenschaft des Soldatenkönigs waren »seine« langen Kerls, übergroße Burschen, die in eine Sondereinheit der Armee rekrutiert wurden. Überhaupt ließ der König zur ständigen Ertüchtigung und Disziplinierung der Soldaten viele Exerzierplätze anlegen. Ohne Hemmung opferte er dafür auch die königlichen Lustgärten an den Schlössern in Berlin und Potsdam. Doch obwohl er die Größe seines Heeres stark ausbaute, hat der Soldatenkönig keinen einzigen Krieg geführt!

Das Preußen des 18. Jahrhunderts ist geprägt von Vorgängen, die am besten mit »innere Kolonisation« bezeichnet werden können. Es gilt, ein Land urbar zu machen, und das heißt, riesige Flächen von Sumpfland für eine landwirtschaftliche Nutzung trockenzulegen. Für weite Landstriche bedeutet Melioration vor allen Dingen eine Entwässerung großer Feuchtgebiete, was letztlich auch zu einer verkehrlichen Erschließung des Landes mit Wasserwegen führt. Viele Orte sind im 18. Jahrhundert neu gegründet, viele Herrenhäuser und Schlösser samt dazugehöriger Gärten neu errichtet worden. Davon, also von einer klar erkennbaren barocken Formensprache, ist heute nicht mehr viel erlebbar, denn Modetrends, eine einsetzende Verarmung des Adels samt Eigentumswechsel in großem Umfang und mehr verfügbare Geldmittel bei den bürgerlichen Eigentümern haben im 19. Jahrhundert zu teilweise umfassenden Veränderungen und Überformungen geführt.

Wie zu seiner Zeit schon der Große Kurfürst, haben auch der Soldatenkönig und Friedrich der Große es tunlichst vermieden, den Adel in der Residenzstadt zu binden. Sie haben es also vermieden, es dem berühmten Franzosenkaiser (Ludwig XIV. in Versailles) gleichzutun, und das mit Bedacht. Preußens Innenpolitik setzt offenbar auf einen starken Landadel, der gegen Ende des 18. Jahrhunderts aber auch längst überfällige Reformen unterdrückt. So auch der bis 1786 regierende Friedrich II.

Kaum war dieser König an der Regierung, ging es schon in den Krieg! Die Auseinandersetzungen um Schlesien sollten ihn insgesamt 23 Jahre lang (1740–1763, Etappen des Schlesischen Kriegs: 1740–42, 1744–45, 1756–63) beschäftigen, wenngleich nicht ohne Unterbrechung. Die siegreiche Unternehmung machte Preußen groß, denn die Annexion Schlesiens sicherte ihm eine Großmachtstellung in Europa und adelte schon zu Lebzeiten seinen Namen mit Friedrich der Große!

Schlesiens Bedeutung sollte sich nicht nur in seinen reichen Bodenschätzen und dem berühmten Weberhandwerk erschöpfen, später sollte aus Schlesien auch ein bedeutender Beitrag zur Gartenkultur kommen. Das Hirschberger Tal mit Hirschberg, dem heutigen Jelenia Góra als Hauptstadt, beschreibt sich heute als das »schlesische Elysium«[11] und diente im gesamten 19. Jahrhundert immer wieder den preußischen Königsfamilien für Sommeraufenthalte.

Unterschiedlicher hätten Vater und Sohn kaum sein können: Während der Soldatenkönig als amusisch, tyrannisch und derb dargestellt wird, gibt es vom Sohn, dem Kronprinzen Friedrich II., das Bild des Flötenspielers, der komponiert und philosophische Texte verfasst. Einen die Geisteshaltung und den Charakter ausdrückenden Zug mag man aus dem Namen, den der Kronprinz seinem ersten Garten in Neuruppin gab, herauslesen. Nach seinem gescheiterten Fluchtversuch nach England (1730) durch massive Intervention beim König, der zuerst nicht einmal vor dem Verhängen der Todesstrafe zurückschreckte, doch rehabilitiert, wird der Kronprinz 1734 Chef eines Regiments, dessen erstes Bataillon in Neuruppin lag. Hier nahm er seinen Wohnsitz und begann unverzüglich mit der Anlage eines Gartens, den er sein Amaltheia nannte. In der griechischen Mythologie ist das die Ziegennymphe, die den jungen Zeus mit Milch versorgt. Zum Dank setzt dieser ihr Bild als Zeichen des Steinbocks in den Sternhimmel. Ihr Attribut ist das einem Kuhhorn ähnliche Füllhorn, das Horn des Überflusses. Das war wohl auch die Intension des Gartens: ein Ausdruck der Fülle zu sein. Er lag bei den Bürgergärten, die ab 1729 anstelle der beräumten Wallanlagen entstanden. Ein Teil der mit Ulmen, Eichen, Buchen und Haselnuss bestandenen, in der Nähe seines Gartens gelegenen Wallanlagen blieben auf Wunsch des Kronprinzen erhalten, ja er ließ sie sortenreich mit weiteren Bäumen bepflanzen, »so dass sie zum angenehmsten beschatteten Spaziergang voll Nachtigallen geworden sind«.[12]

In Rheinsberg, das der Soldatenkönig 1734 für den Kronprinzen erworben hatte, begannen die ersten Arbeiten für den neuen Garten im folgenden Frühling mit dem Pflanzen von Obstbäumen und Weinreben. Für die Entwicklung der Gartenanlage von Rheinsberg blieben dem Kronprinzen noch sechs Jahre, bis er selbst König werden und die Regierung übernehmen sollte. Danach orientierte er sich konsequent nach Potsdam. Am 10. August 1744 erging der Kabinettsbefehl zum Bau der Terrassenanlage von Sanssouci; die Maurerarbeiten sind bereits ein Jahr später abgeschlossen. Erneut sind es Weinreben und Obstbäume, die den charakteristischen Zug der Anlage bestimmen. Der gläserne Berg hat Seltenheitswert, obwohl die Terrassenanlage kein singuläres Kunstwerk seiner Zeit ist.

Ein anderer Terrassengarten, der heute im wiederhergestellten Klostergarten in Neuzelle[13] zu erleben ist, wurde fast zu gleicher Zeit gebaut. Dieses Zisterzienserkloster ist zwar lange zuvor schon, im 13. Jahrhundert

(1268), gestiftet worden, hat aber verschiedene bauliche Erweiterungen und Überformungen erfahren, so auch die Neuanlage eines Abt-Gartens mit den markanten Geländeterrassen, die etwa um 1750 fertiggestellt waren. Der Klostergarten von Stiftung Stift Neuzelle ist heutzutage die einzige erhaltene barocke Klostergartenanlage in Brandenburg. Dieses Kloster befindet sich in nur drei Kilometern Entfernung zum Fluss an einer Hangkante des Odertals. Die etwa 12 bis 15 Meter hohe Hangkante wird mit Terrassen inszeniert, auf denen im Sommer in architektonischer Anordnung Orangen und Zitronen stehen; am Hangfuß ist ein Parterregarten angelegt, oben auf dem Hochplateau existiert eine großzügige Hofanlage mit den Klostergebäuden, der Kirche und Wirtschaftstrakten.
Auffallend ist, dass die bauliche Realisierung der Terrassen von Sanssouci und Neuzelle auch genau in den Zeitraum fällt, in dem die Terrassenanlage des Zisterzienserklosters Kamp realisiert worden war. Es hat sogar Spekulationen darüber gegeben, ob sich der junge König Friedrich II. in Kamp eine Anregung für sein Sanssouci geholt habe, als er im Sommer 1740 im Klevischen weilte, um sich auf Schloss Moyland mit Voltaire zu treffen. Das hat sich wohl nicht bestätigen lassen.[14]

Zeit der großen Reformen

Die erste Zeit nach dem Tod Friedrich des Großen im Jahre 1786 bedeutet für das Land einen regelrechten Szenenwechsel. Allenthalben waren Reformen dringend geworden, für die Belange der Landwirtschaft allemal! Friedrich II. regierte das Land 46 Jahre lang, anfangs durchaus getrieben von der Idee, eine fortschrittliche Entwicklung auf den Weg zu bringen – mit Erfolg, was man von den späten Jahren nicht mehr sagen kann.

Schon 1774, zwölf Jahre vor dem Tod Friedrichs des Großen, hat in Wörlitz Fürst Leopold III. Friedrich Franz von Anhalt-Dessau mit dem ersten klassizistischen Bauwerk auf dem europäischen Festland ein Zeichen für den Wechsel und den Beginn einer neuen Epoche gesetzt. Es war das Schloss seiner Sommerresidenz, das von Parkanlagen im englischen Stil umgeben war; diese waren weder eingefriedet noch abgeschlossen. In die Parkanlagen ist auch ein Feld von beträchtlichen Ausmaßen integriert. Es verweist immer noch auf die Idee, das kleine Fürstentum an der Elbe insgesamt als einen großen Garten zu verstehen, dessen einzelne Partien von fließenden Übergängen geprägt waren. Die landwirtschaftlich genutzten Felder weisen in Bezug auf die Parkanlagen lediglich andere Nutzungsschwerpunkte auf. So findet die Parkidee in den geschmückten Landwirtschaftsflächen als ornamented farm eine thematische Fortsetzung, die bis nach Dessau hinüberreichte. In diesem Gartenreich sollte das Schöne mit dem Nützlichen eng verbunden im Einklang stehen.

Wie kaum in einer Zeit zuvor sind die Jahrzehnte um 1800 geprägt von Reformen in der Landwirtschaft. Das Land wurde nicht mehr nach den Regeln der mittelalterlich geprägten Dreifelderwirtschaft bestellt, sondern nach den Regeln einer rationellen Landwirtschaft. Dazu gehörte auch eine umfassende Flurneuordnung. Ohne Flurzwang und Brachfläche wurden neben den traditionellen Feldfrüchten mit neuen Anbaumethoden neue Kulturpflanzen erprobt, beispielsweise Klee, dessen Kultur der Fürst auf einer Englandreise kennengelernt und gleichsam als Souvenir mitgebracht hatte. Die Straßen waren mit Obstalleen bepflanzt, ausgedehnte Hecken und Gebüsche gliederten die Landwirtschaftsflächen nicht nur, sie schützten und schmückten sie auch. Die für die Entwicklung des Landschaftsbildes wohl weittragendste Neuerung aber geht von einer ganzheitlichen Betrachtung und intensiven Nutzung des gesamten Anwesens aus.

Des Öfteren kam Friedrich Wilhelm II. bereits als Kronprinz zu Besuch, und als er König war, engagierte er den jüngeren Landschaftsarchitekten der Wörlitzer Anlagen, Johann August Eyserbeck (1762–1801), für sein Projekt des Neuen Gartens in Potsdam am Heiligensee. Mit der Anlage des Neuen Gartens hält die Idee der ornamented farm auch in der preußischen Königsfamilie Einzug, und es wird in Potsdam wieder der »state of the art« erreicht. Bemerkenswert sind die in den Park integrierten Felder, die, wie in Wörlitz, ein Beispiel einer ornamented farm zeigen. Wie in Wörlitz gibt es im Neuen Garten auch eine Meierei. Aber im Gegensatz zu den Dessau-Wörlitzer Anlagen gibt es sehr wohl eine Einfriedung rund um den ganzen Park.

Bemerkenswert ist vor allem das Stück Chausseemuster, nach dessen Beispiel das Teilstück Potsdamer Chaussee zwischen Zehlendorf und Potsdam als ein Abschnitt der Chaussee von Königsberg nach Aachen, der späteren Reichsstraße 1 und heutigen Bundesstraße 1, errichtet worden war. Der Architekt Carl Gotthard Langhans hat nicht nur das Brandenburger Tor in Berlin konzipiert, er war auch mit dem Bau der Chaussee beauftragt, die um 1790 fertiggestellt wurde.[15] Um diese Chaussee zu markieren und zu beschatten, wurde sie mit Pyramidenpappeln bepflanzt, über die Peter Joseph Lenné später (1824) klagen und Vorschläge für eine gestalterische Verbesserung unterbreiten wird.[16] Später sind diese Alleen im Park und in der Landschaft durch andere Baumarten ersetzt worden.
Vom Marmorpalais aus gibt es eine etwa vier Kilometer lange Sicht zum Schlösschen auf der Pfaueninsel; diese Sichtverbindung ist nahezu gleich lang wie die mehr als 100 Jahre ältere Sicht vom Potsdamer Stadtschloss über den Templiner See zum Schloss in Caputh, die heute durch den Eisenbahndamm stark eingeschränkt ist.

Auf der Pfaueninsel findet die Idee einer ornamented farm eine Fortsetzung, denn auch dort werden Felder und Wiesen in die Parkanlagen integriert und eine Meierei wird errichtet. Das Schlösschen ist für die Fernsicht vorgesehen, ein Staffagebau in der Weise einer romantischen Ruine. Es dient dem Aufenthalt des Königs und seiner Mätresse. Im Turm existiert ein Zimmer mit Ausmalungen, die in eine Südseetraumlandschaft entführen. Damit soll die Idee eines Idealstaates thematisiert werden, wie es als Utopie von Otahiti übermittelt worden war.

Fast zeitgleich mit den Anlagen auf der Pfaueninsel ist kurz vor 1800 durch den Kronprinzen und späteren König Friedrich Wilhelm III. das große Umbauprojekt in Paretz gestartet worden. Es ging in diesem Fall nicht lediglich um eine Um- und Neugestaltung eines ländlichen Schlösschens mit den dazugehörenden Gartenanlagen, vielmehr umfasste die Konzeption die Neuanlage des gesamten Dorfes. Wie in Steinhöfel haben die Architekten Vater und Sohn Gilly ein märkisches Musterdorf entwickelt, das nach den Regeln der rationellen Landwirtschaft funktionieren und hinsichtlich seiner Erscheinung den gehobenen ästhetischen Ansprüchen genügen sollte.

Ornamented farms im Verbund, das Märkische Gartenbüchlein

Einige Zeit bevor Friedrich Wilhelm II., der Neffe Friedrichs des Großen, sich mit den Anlagen des Neuen Gartens neu, d. h. zeitgemäß positionieren konnte, haben noch zu Lebzeiten des Königs Friedrich der Große einige Rittergutsbesitzer im Gebiet des heutigen Naturparks Märkische Schweiz sich den Ideen der neuen Zeit verpflichtet und ein erstaunliches Gemeinschaftswerk errichtet.

Eng verbunden mit der Idee der ornamented farms ist die Vorstellung, ja »der Traum von einem Lande als einem großen Garten, wo Felder und Forsten, Weiden und Wiesen, Wälder und Äcker ihren Platz und Sinn im Ganzen haben würden«, so erklärt Paul Ortwin Rave schon 1940 den Kerngedanken eines Märkischen Gartenbüchleins[17] von 1790. Was in diesen Jahrzehnten unter dem Begriff der »Landesverschönerung« zu verstehen war, lässt sich am Beispiel von drei Persönlichkeiten, die im damaligen Kreis Oberbarnim deutlich ihre Spuren hinterlassen haben, anschaulich erklären; es handelt sich um Leopold von Reichenbach, Helene Charlotte von Friedland und Albrecht Daniel Thaer.

Leopold von Reichenbach (1745–1831) war nicht nur langjähriger Landrat im Oberbarnimschen Kreise, er hat sich auch als Schriftsteller betätigt und war in Bezug auf die märkische Gartenkunst wohl einer der bedeutendsten Chronisten. In dem eben erwähnten Märkischen Gartenbüchlein von 1790 wird der Garten des Grafen von Schmettau in dem auf halbem Wege zwischen Strausberg und Buckow (seit langem Hauptstadt der Märkischen Schweiz) liegenden Garzau ausführlich gewürdigt. Der Verfasser dieser Beschreibung einer großartigen ornamented farm auf märkischem

Boden nennt die Anlagen einen »Garten im guten und verbesserten Geschmack«, was einen Hinweis auf den darin enthaltenen Reformgedanken gibt, nämlich die Umsetzung einer neuen Theorie für die Garten- und Landschaftskunst. Diese enthält eine radikale Abwendung von barocken Gestaltungsprinzipien; die gestalteten Partien sollen ein natürliches Aussehen haben, ohne geschnittene Hecken, sondern mit frei wachsenden Sträuchern, Bäumen und Blumensäumen. Indem das Schöne aus einem Nützlichkeitsgedanken abgeleitet wird, sind sämtliche bewirtschafteten Flächen eines Anwesens, also auch die land- und forstwirtschaftlichen Nutzflächen, als Bestandteil in die gestalteten Anlagen integriert. Wichtigster Impulsgeber für diese neue Garten- und Landschaftskunst war der in Kiel lehrende Philosophieprofessor C.C.L. Hirschfeld, der zwischen 1780 und 1785 eine fünfbändige Theorie der Gartenkunst veröffentlichte. Ihm ist das Märkische Gartenbüchlein gewidmet; darin wird am ausführlichsten Garzau beschrieben. Hirschfelds Bücher gehörten seinerzeit als unentbehrliche Werke in jede fortschrittlich sortierte Bibliothek. Auch bei den Gutsbesitzern in der Märkischen Schweiz fehlten sie nicht. Die ausführliche Beschreibung von Garzau im Märkischen Gartenbüchlein ist dem besonderen Wirken des Grafen Schmettau zu verdanken.

Schmettau ist wohlbekannt wegen seines Kartenwerks, der topografischen Landesaufnahme Preußens im Maßstab 1 : 50 000. Das vermessungstechnisch-kartografische Denken dieses Bauherrn zeigt sich nirgendwo besser als in den landschaftlich anmutigen Partien des Gartens in Garzau. Schmettau nutzte ein Rinnsal von Fließgewässer, das er durch geschickte Wahl des Ortes und maßvolle Geländemodellierung zu einer Seenlandschaft erweiterte. Obwohl verlandet und versumpft, ist diese Gestaltungsidee auch heute noch spürbar. Alleen säumen die Wege in die nächsten Ortschaften und in die Feldflur. Von etwas höher gelegenen Punkten aus gibt es wunderschöne Sichten in die Landschaft und auf die Silhouette malerischer Orte in der Nachbarschaft. (Wir haben uns dazu entschlossen, den Park von Garzau nicht mit einem Dialog zu versehen.

Nicht weil die Parkanlagen nicht sehenswert wären, vielmehr weil dort zurzeit noch im Zuge begonnener Wiederherstellungsarbeiten eine allgemeine Baustelle vorgefunden wird. Hoffen wir gemeinsam, dass sich das bald ändert.)

Für viele Partien mag das damals schon gut besuchte, gerade zehn Jahre alt gewordene Gartenreich des Fürsten Franz in Dessau-Wörlitz Pate gestanden haben. Und doch – welch ein Unterschied! Während das Dessau-Wörlitzer Gartenreich das grandiose Werk eines einzelnen Fürsten darstellt, finden wir Garzau in einem Netzwerk verknüpft, dem noch etliche der benachbarten Güter angehören. So erfahren wir von Leopold von Reichenbach, dass auch die Gutsbesitzer von Prötzel, Mon Choix (das ist Harnekop), Haselberg, Kunersdorf, Steinbeck (Gutsherr ist L. v. Reichenbach), Quilitz (das ist Neuhardenberg) und mehrerer anderer Orte sich der neuen Gartenkunst verschrieben hatten. Er erwähnt weitere Güter, die wegen ihrer geografischen Lage nicht unmittelbar zu diesem Netzwerk gehören können: Boitzenburg (in Mecklenburg), Tammsel (heute in Polen, östlich von Küstrin gelegen) und Madlitz (zwischen Fürstenwalde und Frankfurt/Oder). Schon 1788 beschreibt v. Reichenbach die zu Garzau unmittelbar benachbarten Güter ausführlich (also Prötzel, Sternebeck, Mon Choix, Haselberg, Steinbeck), wobei er die Form der damals üblichen Lehrgedichte wählte[18]. Zieht man eine ältere topografische Karte zurate, ist unschwer die gemeinsame Anstrengung der Gutsbesitzer ablesbar: die Idee, das ganze Land in einen Garten zu verwandeln.[19]

Neue Landwirtschaftsideen. Albrecht Thaer

Im Jahre 1799 konnte Albrecht Daniel Thaer (1752–1828) mit Frau von Friedland, dieser energischen Frau, eine für ihn sehr wichtige Bekanntschaft machen und durch sie wohl auch alle ihre Gutsnachbarn kennenlernen. Diese Erfahrung war ihm ein Beweggrund, 1804 vom niedersächsischen Celle ins brandenburgische Möglin umzusiedeln, wo er in den nachfolgenden Jahren ein bedeutendes landwirtschaftliches Mustergut etablieren konnte. Möglin liegt in der Mitte zwischen den Gütern, die L. v. Reichenbach beschrieben hat, und denjenigen Gütern, die Frau von Friedland bewirtschaftete. Dort hat Thaer sein Konzept einer rationellen Landwirtschaft umgesetzt und die daraus gewonnenen wissenschaftlichen Erkenntnisse durch einen Akademie-Unterricht zu verbreiten gesucht. Seine unschätzbaren Erfahrungen hat er in einer ganzen Serie von Publikationen dokumentiert und verbreitet. »Sein größter ökonomischer Erfolg wurde die Merinoschafzucht. Insbesondere im Zuge der feinwolligen Schafzucht kam das Prinzip von der Schönheit des Nützlichen sowohl bei Thaer als auch in seinem näheren und weiteren Umfeld und schließlich darüber hinaus in fast allen wichtigen Schafzuchtgebieten Deutschlands in der ersten Hälfte des 19. Jahrhunderts zum Tragen.«[20] Schafzucht als Schwerpunkt der landwirtschaftlichen Unternehmung führt notwendigerweise zur Koppelwirtschaft. Im Sinne des Landschaftsbildes angesprochen, ist das eine offene Weideflur mit baumbestandenen Triftzügen und locker verteilten großkronigen Schattenbäumen, unter denen die Herden lagern können. Mit Bedacht wurde überall auf feine Rasenplätze geachtet, damit die Wolle nicht unnötigerweise verschmutzt werde. Es ist das geradezu idealtypische Bild einer bukolischen Landschaft, auch Arkadien genannt. Herbert Pruns, der wohl gründlichste Kenner der ornamented farms, erklärt Thaers Werk folgendermaßen: »Bei seinem vielfältigen Streben nach landwirtschaftlicher Rationalität und betriebswirtschaftlicher Rentabilität vergaß Thaer Zeit seines Lebens nicht, auch die ästhetische Seite des Betriebes zu beachten und zu pflegen. Auch er legte in Möglin Hecken und Alleen an, erneuerte und erweiterte den Gutspark und sanierte die Gutskapelle.«[21]

Das weithin sichtbare Bild dieser Errungenschaften zeigt sich in einer entwickelten Kultur der Landschaftsgestaltung, in der kein Fleckchen Erde ausgelassen wird. So berichtet Thaers Biograf über das Gut Haselberg und seinen Besitzer, dass er gezeigt und bewiesen hätte, wie man den wüsten und steinigen Boden der Mark durch Intelligenz und beharrlichen Fleiß in fruchtbares Land verwandeln könne. »(...) die Zugänge und Umgebungen der Gehöfte (gewährten) durch schöne Alleen, Rasenstücke, Baumgruppen und reinlich gehaltene Wege, den schönsten Eindruck behaglicher Gastlichkeit. Kein Fremder ließ dieses Gut unbesucht, und wenn man die damals noch öden, stoppelartigen, mit Steinen und wildem Gestrüpp bedeckten Felder der Umgegend durchwandert hatte und nun hier diese Getreidesaaten, diese Kleebreiten, diese Viehherden sah, erschien einem die Schöpfung dieses Mannes wie ein hierher gezaubertes Paradies«.[22]

Das ganze Land ein Garten

Die Epoche des 19. Jahrhunderts ist geprägt durch die Entwicklung der Landschaftsgärtnerei, die im kontinentalen Europa eine ähnlich bedeutsame Blüte der Gartenkunst hervorgebracht hat wie im Entstehungsland dieser Kunstform, der Insel Großbritannien. Für Brandenburg stehen zwei Namen von Persönlichkeiten, die diese Gartenkunst in Hochform gebracht haben: Peter Joseph Lenné (29.9.1789–23.1.1866) und Fürst Hermann von Pückler-Muskau (30.10.1785–4.2.1871). Es sind die Namen zweier Personen, deren Werke heute wieder große Achtung genießen, einerseits weil sie in der Literatur und sogar in der Tagespresse entsprechend gewürdigt werden, andererseits weil die durch ihr Mitwirken entstandenen Parks und Gärten durch gartendenkmalpflegerisches Engagement heute wieder erlebbar sind – sei es von Besuchern in der Freizeit, sei es von Fachbesuchern. Wir, die wir diese Parks und Gärten fast 200 Jahre nach ihrer Anlage besuchen und bewundern dürfen, finden eine Situation vor, die jene Gartenkünstler nur als Vision vor Augen haben konnten. Selbstverständlich haben sie damals von Baumskulpturen und Gehölzmassen geträumt, aber erleben konnten sie nicht, was sie initiiert haben. In diesen Genuss kommen wir jetzt, uneingeschränkt der Tatsache, dass die Anlagen selten noch absolut der Situation zur Zeit vor 200 Jahren entsprechen.

Mit Lenné und Pückler begegnen wir aber auch zwei Persönlichkeiten, die einander nicht sehr geschätzt haben – im Gegenteil. Pückler konkurrierte mit Lenné, gewann an Möglichkeiten der Einflussnahme, manchmal auch die Oberhand. Das ist bekannt vom Babelsberger Park, desgleichen vom Glienicker Park, bevor Prinz Carl dort residierte, denn der Staatskanzler Karl August von Hardenberg weilte dort, und Pückler war mit dessen Tochter Lucie verheiratet. Gleiches trifft für Neuhardenberg zu, das der Staatskanzler seit 1814 besaß.

Der Kontroversen ungeachtet, treibt beide das gleiche Anliegen: die Idee einer neu gestalteten Landschaft in einem ganz großen Rahmen in die Tat umzusetzen, wie das im Übrigen die Landesverschönerungsprogramme einiger deutscher Staaten, z. B. Bayern[23], im Sinne einer modernen Landesentwicklung vorsahen. Diese Idee findet sich in der spezifischen Literatur in England schon etwa 50 Jahre früher:

»(...) wie vorhandene Waldflächen durch bloßes geschicktes Hindurchführen einiger Wege und gelegentliches Oeffnen und Schließen des Saumes eine große Mannigfaltigkeit hervorbringen, und unendlich genußreicher sein können als die meist konfusen Pflanzungen in den Gärten, und daß ganz England, welches einen Ueberfluß an traurigen unfruchtbaren Gemeindewaiden und Wildnissen habe, welche besonders nahe der Hauptstadt nur dazu dienen der Landschaft ein unkultiviertes Ansehen zu geben, nichts destoweniger in einen einzigen großen nur von der See begrenzten Garten verwandelt werden könne, indem jeder seine Besitzungen wie angedeutet verbesserte, und jene wüsten Flächen, welche im Großen und Ganzen unmöglich zu verschönern sind, im Charakter des Schauerlichen, oder in vortreffliche Gemälde erhabener Gattung umwandelte, um durch sinnigen Contrast die Wirkung freundlicher und reicher Prospekte zu verstärken«.[24]

Nach 1813/14, nach den teilweise vernichtenden Niederlagen der napoleonischen Armeen und dem Ende der Herrschaft Napoleons I. über Europa, brach für Preußen ein neues Zeitalter an. Gewiss, das Land war wieder einmal ausgezehrt, die Menschen waren verarmt, aber doch nicht ohne Euphorie, das Neue zu wagen.

Bereits ein Jahr nach dem Wiener Kongress wurde in Potsdam-Sanssouci die Stelle des Königlichen Gartendirektors neu besetzt, und zwar mit

Peter Joseph Lenné, der von 1816 bis 1866 dort seinen Dienst verrichtete und sein fünfzigstes Dienstjubiläum im Alter von 76 Jahren um nur wenige Tage verfehlte. Nach und nach entwickelte Lenné ein Gesamtkunstwerk, das wir heutzutage die »Potsdamer Kulturlandschaft« nennen, immerhin mit einem Areal von etwa 700 km^2 Ausmaßen. Das konzeptionelle Rückgrat dieser Potsdamer Kulturlandschaft sind die seeartig geweiteten Havelgewässer, an denen zu den bereits bestehenden Parks neue Anlagen etabliert wurden. Lenné ermutigte das Königshaus sogar zum Erwerb entsprechender Grundstücke, beispielsweise das Gelände, auf dem dann der Babelsberger Park angelegt wurde. Die Wasserflächen bilden mehr und mehr eine Art playground, in dem sich die Yachten der wohlhabenden Anwohner tummelten, vergleichbar mit dem green im Reagents-Park in London. Umgeben sind diese greens oder playgrounds von einer ganzen Serie größerer und kleinerer Parks und Gärten, die gleichsam einen großen Gürtel von pleasuregrounds bilden. Ohne Frage zehrte Lenné von der Fülle der Bilder und Eindrücke, die er auf seiner Studienreise nach England (etwa August bis Oktober 1822) gesammelt hatte.[25] Umgesetzt in die Potsdamer Landschaft, ist ein Patchwork entstanden, das einem Panorama gleicht, in dem die schönsten Bilder Europas gezeigt werden. Lenné muss den Gedanken an eine Verschönerung der Insel Potsdam unmittelbar nach der Rückkehr von seiner Reise nach England gefasst haben. Dem König, Friedrich Wilhelm III., konnte er nichts davon berichten, denn er hatte nicht die nötige Entschlusskraft und wollte nicht die erforderlichen Finanzmittel zur Umsetzung solch großer Idee aufbringen. Also arbeitete Lenné am Detail, zeichnete kleine Pläne und fügte im Verlauf der Jahre eine Anlage nach der anderen seinem Idealplan hinzu. Diesen zeichnete er 1833 dann in einem weit fortgeschrittenen Zustand zusammen.

Erst der ab 1840 regierende nachfolgende König Friedrich Wilhelm IV. soll von Lenné ein Gartenreich verlangt haben, wie es der Fürst in Dessau-Wörlitz geschaffen hatte.

Doch sprechen wir nicht nur von Lennés Wirken in Potsdam, denn in der

Mark Brandenburg, also ohne Potsdam und Berlin, hat er 85 Parkanlagen entworfen und realisiert. Die Zeit war durchaus günstig für Anfänge vielfältigster Art, denn die Jahre nach 1815 waren geprägt von Reformen, Erneuerungen, Umwälzungen und Brüchen. Mit der Umsetzung der Stein-Hardenbergschen Reformen ging eine Neustrukturierung und Rationalisierung der Landwirtschaft einher, was zu einer teilweise kompletten Neuordnung und Neugestaltung des Orts- und Landschaftsbildes führte. Die mittelalterliche Dreifelderwirtschaft mit Flurzwang und Brachfläche wurde im Zuge der Separation und Flurneuordnung in Gänze aufgegeben und durch die idealen Bilder der Landesverschönerungsprogramme ersetzt. Das hat nichts mit »dekorieren« oder »hübsch machen« zu tun, vielmehr verbirgt sich dahinter die Anstrengung eines Landesentwicklungsprogramms, in das alle Lebensumstände eingebunden waren. Die landwirtschaftliche Produktion sollte verbessert werden, was seinen Ausdruck einerseits in einer Steigerung des Flächenertrages bis zum Vierfachen fand, andererseits in einer Anreicherung der Vielfalt an Feldfrüchten und Tierrassen. Auch sollte die Ernährungssituation der ländlichen Bevölkerung durch die Einführung von Obstwiesen und Obstbaumalleen entlang der Straßen verbessert werden. Überhaupt musste die Infrastruktur modernisiert werden, indem Straßen chaussiert oder gepflastert, später auch Eisenbahnlinien gebaut wurden. Den Kindern, allen Kindern!, sollte grundsätzlich eine Schulbildung ermöglicht werden. Allein schon deshalb, weil eine rationelle Landwirtschaft nur mit »lesenden Landwirten« umgesetzt werden konnte, so steht es in den alten Fachzeitschriften in der Zeit kurz vor und nach 1800.

Mit den Reformen einher ging auch ein wirtschaftliches Erstarken der ländlichen Anwesen. Es war möglich, sich etwas zu leisten – und man leistete sich Parks im englischen Stil, die ganz groß in Mode gekommen waren; viele barocke Anlagen wurden danach um- und neu gestaltet und sind bis zum heutigen Tage erhalten oder zeittypisch wiederhergestellt. Dennoch darf man sich keiner Illusion hingeben, denn der Reichtum war durchaus relativ. Im Grunde genommen waren die märkischen Landwirte »arme

Schlucker«, auch als Großgrundbesitzer. Einen Ausdruck dafür mag man dem Umstand entnehmen, dass so viele, die sich einen Garten im englischen Stile leisteten, es doch nicht zu einem typisch englischen Rasen im pleasureground brachten. Vorgegeben wurde immer, dass in Deutschland, in Preußen, das Wetter dafür nicht geeignet sei, es also an der nötigen Regenmenge mangle. Bei genauerem Hinsehen stellte sich heraus, dass die Besitzer solcher Parks den Grasschnitt der pleasuregrounds, deren Rasenflächen immer aus Lolium perenne bestanden, als Futter nutzten, denn dieses Gras ist ein hervorragendes Pferdefutter. Man hat den Rasen also nicht alle paar Tage gemäht, sondern das Gras wachsen lassen, bis es die Höhe zur Verfütterung hatte. Erst dann wurde gemäht. Durch solche »Pflege« kann nicht das Bild eines dichtgrünen kurzen Rasens entstehen. (Das ist auch den Hinweisen in den alten Fachzeitschriften zu entnehmen.) Dieser Umstand der wirtschaftlichen Nutzung, und nicht die Wetterverhältnisse, ließ dem Entstehen eines Rasens nach englischem Vorbild keine Chance.

Man muss sich vergegenwärtigen, dass das umfangreiche Werk Lennés neben seinen Dienstaufgaben in den Königlich Preußischen Gärten entstanden ist. Ohne tüchtige Mitarbeiter in seinem Büro wäre diese Leistung wohl nicht denkbar gewesen. Und so darf angenommen werden, dass viele der Parkanlagen, deren Entwurf und Realisierung Lenné als Büroinhaber verantwortet hat, nicht oder nicht nur sein geistiges Eigentum sind. In erster Linie wäre wohl Gustav Meyer zu nennen, der seit 1840 in Lennés Büro beschäftigt war.[26] Viele Personen aus dem fachlichen Umfeld mutmaßten zu Recht, dass Gustav Meyer die Nachfolge Lennés im Amt des Gartendirektors antreten würde. Der König, es war schon Wilhelm I., der spätere erste Kaiser in Deutschland, entschied anders und wählte Jühlke aus Erfurt zum Nachfolger Lennés. Es war offenbar nicht vergessen, dass Meyer einst »im Vormärz und seit 1864 wieder für die Berliner Linke gearbeitet hat«[27], was ein klares Ausschlusskriterium darstellte. Man muss sich wundern, dass Meyer »nicht schon früher aus der Hofgartenverwaltung entfernt wurde!«[28]

Folglich wurde Meyer 1870 zum ersten Stadtgartendirektor Berlins berufen, protegiert u.a. durch Rudolf Virchow, dem berühmten Arzt an der Charité.

Mit Pückler, dem Fürsten und Lebemann, dürfen wir einen Gartenkünstler und Schriftsteller verbinden. Das Schloss und die Parkanlagen im heutigen Bad Muskau sind sein erstes gebautes Werk. Die Parkanlagen sind heute wieder diesseits und jenseits der Neiße zu erleben, allerdings auf der deutschen Seite die kleinere Partie mit Schloss und pleasureground, auf der polnischen die weiträumigen Wald- und Feldanlagen im Sinne einer ornamented farm. Die Erfahrungen mit dem Anlegen des Muskauer Parks sind die Grundlage für die »Andeutungen über Landschaftsgärtnerei«, die Pückler 1834 herausgegeben hat. Neben dem bereits erwähnten Werk von Hirschfeld, der fünfbändigen Theorie zur Gartenkunst, veröffentlicht zwischen 1780 und 1785, und den »Beitraegen zur bildenden Gartenkunst« 1818 von Friedrich Ludwig von Sckell publiziert, sind die »Andeutungen über Landschaftsgärtnerei« von Pückler als eines der grundlegenden Werke über Landschaftsgärtnerei zu bezeichnen.

Pückler hatte sich mit dem Park in Muskau übernommen. Sein Versuch, die Unternehmung zu retten, indem er sich von Lucie trennt und auf einer Reise durch England eine »reiche Partie« macht, schlug fehl. Ohne Erfolg war diese Reise dennoch nicht, sie ist die Grundlage für die »Briefe eines Verstorbenen«, in denen ausführlich über große englische Parkanlagen, deren Bewirtschaftung, die Gesellschaft und den Klatsch über sie berichtet wird.

Pückler startet mit dem im Brandenburgischen liegenden Branitz einen zweiten Versuch. Das Grundstück war mit nur 37 Hektar beiderseits des Schlosses und 92 Hektar Außenpark bedeutend kleiner als das in Muskau gelegene, der Fürst (1785–1871) war im Jahr der Fertigstellung der Pflanzungen 1853 mit 68 Jahren aber auch schon bedeutend älter. Deshalb ließ er große Bäume umpflanzen, machte reichlich Erfahrung mit dieser Verpflanztechnik und gute Erfahrung mit dem Werden eines Raumgebildes in kürzester Zeit. Der Park in Branitz ist das einzige Gartenkunstwerk in Brandenburg, das Pückler allein entworfen und realisiert hat.

Quintessenz

Die zweierlei Anstrengungen auf dem Gebiet der Gartenkunst in der zurückliegenden Zeit nach dem Zweiten Weltkrieg und nach der Wiedervereinigung der beiden deutschen Staaten haben ein hervorragendes Ergebnis zutage gefördert. Einerseits sind durch akribische Literatur- und Archivarbeit die gezeichneten und geschriebenen Quellen entdeckt und publiziert, also zugänglich gemacht worden, andererseits haben Bemühungen der unterschiedlichsten Art zur Bestandserhaltung und zur Wiedergewinnung von Anlagen in ihrem historischen Kontext beigetragen, sodass wir heute in der Lage sind, uns in den Werken der großen Gartenkünstler jener Zeiten zu ergehen und uns daran zu erfreuen.

Dazu will auch dieses Werk einen Beitrag leisten und anregen, die ausgewählten Parkanlagen als Teil eines wertvollen Kulturerbes kennenzulernen, die darin enthaltenen Gestaltungsideen zu ergründen und dem, was daraus geworden ist, eine gebührende Achtung zu erweisen.

1 Prösel, Susan/Kremin, Michael: Berlin um 1700. Die Idealstadt Charlottenburg. Berlin 1984, S. 34.

2 Prösel, Susan/Kremin, Michael: Berlin um 1700. Die Idealstadt Charlottenburg. Berlin 1984, S. 26.

3 Stiftung Preußische Schlösser und Gärten Berlin-Brandenburg (Hrsg.): Nichts gedeiht ohne Pflege. Katalog zur Ausstellung. Potsdam 2001, S. 28.

4 Stadt Krefeld und Stiftung Preußische Schlösser Berlin-Brandenburg und Stichting Paleis Het Loo, Nationaal Museum (Hrsg.): Onder den Oranje Boom, Katalogband. München 1999, S. 207.

5 Prösel, Susan/Kremin, Michael: Berlin um 1700. Die Idealstadt Charlottenburg. Berlin 1984, S. 40.

6 Prösel, Susan/Kremin, Michael: Berlin um 1700. Die Idealstadt Charlottenburg. Berlin 1984, S. 40.

7 Prösel, Susan/Kremin, Michael: Berlin um 1700. Die Idealstadt Charlottenburg. Berlin 1984, S. 41.

8 Prösel, Susan/Kremin, Michael: Berlin um 1700. Die Idealstadt Charlottenburg. Berlin 1984, S. 41.

9 Orsenna, Érik: Portrait eines glücklichen Menschen: Der Gärtner von Versailles. München 2004, S. 44–51.

10 Prösel, Susan/Kremin, Michael: Berlin um 1700. Die Idealstadt Charlottenburg. Berlin 1984, S. 50.

11 Franke, Arne: Das schlesische Elysium. Burgen, Schlösser, Herrenhäuser und Parks im Hirschberger Tal. Potsdam 2004.

12 Kühn, Margarete: Die Gärten Friedrichs des Großen. In: Brandenburgische Jahrbücher 14./15. Die alten Gärten und ländlichen Parke in der Mark Brandenburg, herausgegeben vom Landeshauptmann der Provinz Brandenburg. Potsdam und Berlin 1939, S. 34.

13 Brandenburgisches Landesamt für Denkmalpflege und Archäologisches Landesmuseum (Hrsg.): Das Zisterzienserkloster Neuzelle. Berlin 2007.

14 Vgl. Hansmann, Wilfried: Der Terrassengarten der Zisterzienserabtei Kamp im 18. Jahrhundert. In: Der Terrassengarten von Kloster Kamp. Arbeitsheft 34 des Landschaftsverbandes Rheinland. Pulheim 1993, S. 21–38.

15 Schmidt, Hartwig: Carl Gotthard Langhans. In: Ribbe/Schäche: Baumeister, Architekten, Stadtplaner. Berlin 1987, S. 117.

16 Vgl. Lenné, Peter Joseph: Allgemeine Bemerkungen über die Brittischen Parks und Gärten. In: Verhandlungen des Vereins zur Beförderung des Gartenbaus in den Königlich Preußischen Staaten, Jg. 1, Berlin 1824, S. 82–96.

17 v. Reichenbach, Leopold: Einige Bemerkungen über die Gärten in der Mark Brandenburg, Berlin 1790. Als Faksimile neu herausgegeben in den Mitteilungen der Pückler Gesellschaft, 7. Heft 1991.

18 Vgl. v. Reichenbach, Leopold: Der schöne Garten, Berlin 1788. Als Faksimile neu herausgegeben in den Mitteilungen der Pückler Gesellschaft, 12. Heft 1997.

19 Weitergehende Ausführungen vgl.: Schumacher, Horst/Strauss, Jürgen: Das ganze Land ein Garten. Historische Kulturlandschaften an Havel, Elbe und Themse. Potsdam 1998.

20 Pruns, Herbert: Albrecht Daniel Thaer und die ästhetisch gestalteten Kulturlandschaften. In: Panne, Kathrin (Hrsg.): Albrecht Daniel Thaer – Der Mann gehört der Welt. Celle 2002.

21 Pruns, Herbert: Albrecht Daniel Thaer und die ästhetisch gestalteten Kulturlandschaften. In: Panne, Kathrin (Hrsg.): Albrecht Daniel Thaer – Der Mann gehört der Welt. Celle 2002.

22 Körte, Wilhelm: Albrecht Thaer. Leipzig 1839, S. 211. Zitiert nach v. der Marwitz, Friedrich August: Lebensbeschreibung. Berlin 1852, S. 28. Zitiert nach Düvel, Martina: Die Kulturen und Anpflanzungen auf den Gütern der Frau von Friedland bei Wriezen a. d. Oder zu Beginn des 19. Jh. Und ihre Auswirkungen auf die heutige Flora und Vegetation dieses Gebietes. Diplomarbeit an der TU Berlin. Berlin 1991.
Von der Arbeit gibt es eine publizierte Fassung in: Verhandlungen des Botanischen Vereins von Berlin und Brandenburg 2000, Nr. 133, S. 5–35.

23 Däumel, Gerd: G. Vorherr und die Landesverschönerung in Bayern. In: Festschrift für H.-Fr. Wiepking, 1963. Beiträge zur Landespflege I.

24 Dieses Zitat befindet sich in: Gustav Meyer: Lehrbuch der schönen Gartenkunst. Berlin 1860, S. 56.

Meyer zitiert aus Chambers »Abhandlung über orientalische Gartenkunst«, der zweiten Auflage von 1773.

25 Vgl. Hinz, Gerhard: Peter Joseph Lenné. Hildesheim, Zürich, New York 1989, S. 18 und Lenné, Peter Joseph: Allgemeine Bemerkungen über die Brittischen Parks und Gärten. In: Verhandlungen des Vereins zur Beförderung des Gartenbaus in den Königlich Preußischen Staaten, Jg. 1. Berlin 1824, S. 82–96.

26 Vgl. Hartwig: Ein Beitrag zur Klarstellung des Verhältnisses zwischen Lenné und Meyer. Zeitschrift für Gartenbau und Gartenkunst 1895, S. 109f und Hampel, Carl: Ein Vortrag über die Lenné-Meyersche Schule, Dresden 10. 5. 1887. Jahrbuch für Gartenkunde und Botanik 1887/88, S. 97–107.

27 Peschken, Goerd: Der Humboldthain. Berlin 1984. Unveröffentlichtes Manuskript, zitiert und publiziert in: Schumacher, Horst: Colonie Alsen: Die neue Stadt. In: Immenhausen, Wolfgang (Hrsg.): Max Liebermann in Wannsee, Katalog zur Ausstellung. Berlin 1997, S. 2.

28 Peschken, Goerd: Der Humboldthain. Berlin 1984. Unveröffentlichtes Manuskript, zitiert und publiziert in: Schumacher, Horst: Colonie Alsen: Die neue Stadt. In: Immenhausen, Wolfgang (Hrsg.): Max Liebermann in Wannsee, Katalog zur Ausstellung. Berlin 1997, S. 2.

Quellen | Dialog (Auswahl)

Arnim, Hermann von: Ein Fürst unter den Gärtnern. Pückler als Landschaftskünstler und der Muskauer Park, Frankfurt am Main u. a., 1981.

Fellini, Federico: Aufsätze und Notizen, Zürich, 2002.

Kohlschmidt, Siegfried (Hrsg.): Hermann Fürst von Pückler-Muskau, Edition Branitz, 1995.

Petzold, Eduard: Hermann von Pückler-Muskau in seinem Wirken in Muskau und Branitz, 1997.

Pückler-Muskau, Hermann von: Andeutungen über Landschaftsgärtnerei, Frankfurt am Main, 1988.

Rippl, Helmut: Der Branitzer Park, Cottbus, 1973.

Tietze, Christian (Hrsg.): Pyramiden, Häuser für die Ewigkeit, Frankfurt am Main, 2007.

Töteberg, Michael: Fellini, Hamburg, 2004.

Horst Schumacher

Studium der Garten- und Landschaftsarchitektur an der TU Berlin. Seit 1982 selbständig tätig als freischaffender Landschaftsarchitekt mit Büro in Berlin und Erfurt; viele realisierte Gärten, auch Gartendenkmäler. Weitere Schwerpunkte sind Geschichte der Gartenkunst, Entwicklungsstrategien für historische Kulturlandschaften und seit 1998 Strategien zur nachhaltigen Entwicklung des Orts- und Landschaftsbildes mit erneuerbaren Energien.
Seit 1999 Professur an der Fachhochschule Erfurt, Fakultät Landschaftsarchitektur, Gartenbau und Forst, Lehrgebiete Freiraumplanung und Entwerfen. Forschungsprojekte: Energiegarten® und Gärten im Film®.
Diverse Publikationen zur Geschichte und Theorie der Gartenkunst, zu historischen Kulturlandschaften und zur Kulturlandschaftsentwicklung mit erneuerbaren Energien.

Niels-Peter Rudolph

Abitur, Studium Kunstgeschichte, Germanistik und Theaterwissenschaften in Kiel und Berlin. In dieser Zeit Arbeit an Studentenbühnen als Schauspieler und junger Regisseur – die »Wanderbühnenjahre«. Für mehrere Jahre Regieassistent bei Hans Schalla am Schauspielhaus Bochum – die »Gesellenzeit«. Hier entstanden ab 1963 die ersten Inszenierungen klassischer und moderner Stücke. Es folgten Arbeiten in der ganzen Bundesrepublik. In den Jahren 1975 bis 1979 Aufbau des Stuttgarter Schauspiels zusammen mit Claus Peymann und Hermann Beil. Wichtige Inszenierungen u.a. die neuen Stücke von Botho Strauß. Von 1980 bis 1985 Intendant des Deutschen Schauspielhauses in Hamburg. Parallel dazu Erfindung und Aufbau der Hamburger Kampnagel-Fabrik für experimentelles Schauspiel- und Musiktheater. Im Laufe der Jahre mehrere Einladungen zum Berliner Theatertreffen.
1997 bis 2005 Professur für Musiktheaterregie an der Folkwang-Hochschule Essen. Bis heute Dozent für Schauspiel- und Musiktheaterregie an der Theaterakademie der Hochschule für Musik und Theater Hamburg. Parallel dazu wieder freier Regisseur für Oper und Schauspiel u.a. in Wien, Helsinki, München, Stuttgart und Berlin, bei den Schwetzinger Festspielen und den Wiener Festwochen. Darsteller in einigen internationalen Filmen. Tätigkeit als Autor, Regisseur und Sprecher im Rundfunk.

Titelgestaltung Katharina Strauss
Unter Verwendung einer Photographie von © Jürgen Strauss, einer übermalten Photographie von Lucie Fürstin von Pückler-Muskau, © Stiftung Fürst-Pückler-Museum Park und Schloss Branitz und der Photographie von Federico Fellini, © Ullstein-Bildarchiv.

Bibliografische Information der Deutschen Bibliothek:
Die Deutsche Bibliothek verzeichnet diese Publikation in der Deutschen Nationalbibliografie; detaillierte bibliografische Daten sind im Internet über http://dnb.ddb.de abrufbar.

Herausgeber Horst Schumacher
Text Niels-Peter Rudolph
Photographie © Jürgen Strauss
Recherche Leonie Glabau
Lektorat Elke Seiler
Graphische Gestaltung Katharina Strauss
Satz Katharina Strauss
Druck GS Druck und Medien GmbH, Potsdam

Printed in Germany

ISBN 978-3-86886-014-6